나는 왜 그리스도인인가

IVP(InterVarsity Press)는
캠퍼스와 세상 속의 하나님 나라 운동을 지향하는
IVF(InterVarsity Christian Fellowship)의 출판부로
생각하는 그리스도인을 위한 문서 운동을 실천합니다.

Copyright © 2003 by John R. W. Stott
This translation of *Why I Am a Christian*
is published by arrangement with Inter-Varsity Press,
36 Causton Street, London, SW1P 4ST, United Kingdom
through rMaeng2, Seoul, Republic of Korea.
All rights reserved.

This Korean edition copyright © 2020 by Korea InterVarsity Press
156-10 Donggyo-Ro, Mapo-Gu, Seoul 04031, Republic of Korea

본 저작물의 한국어판 저작권은 알맹2 에이전시를 통하여
IVP UK와 독점 계약한 IVP에 있습니다. 신 저작권법에 의하여 한국 내에서
보호받는 저작물이므로 무단 전재와 무단 복제를 금합니다.

나는 왜 그리스도인인가

존 스토트 | 양혜원 옮김

Why I Am a Christian

This is My Story

Ivp

1987년에서 2000년까지
켄트주 세븐오크스에 있는
성 니콜라스 교회의 교구 목사였고,
예수 그리스도의 좋은 군사였던
마일스 톰슨에게 이 책을 바칩니다.

차례

서문 009

1장 천국의 사냥개 015
프랜시스 톰슨 · 다소의 사울 · 아우구스티누스
맬컴 머거리지 · C. S. 루이스

2장 예수님의 주장 043
성취 · 친밀성 · 권위

3장 그리스도의 십자가 063
우리 죄를 속하기 위해 죽으신 그리스도
하나님의 성품을 드러내기 위해 죽으신 그리스도
악의 세력을 정복하기 위해 죽으신 그리스도

4장 역설적인 인간성 087
영광 · 수치 · 역설

5장 자유에 이르는 길 107

…로부터의 자유 • …을 위한 자유

6장 열망의 실현 127

인간은 초월성을 추구합니다

인간은 의미를 추구합니다

인간은 공동체를 추구합니다

7장 가장 위대한 초대 151

두 가지 주장 • 두 가지 초대 • 결론: 참석 여부를 알려 주십시오

주   175
부록   181

일러두기
이 책은 『나는 왜 그리스도인이 되었는가』라는 제목으로 출간했던 책의 제목을 바꾸고, 부록을 추가해 새로 만든 개정판입니다.

| 서문 |

버트런드 러셀이 사우스 런던의 배터시 시청에서 '나는 왜 그리스도인이 아닌가'라는 제목의 대중 연설을 한 때는 1927년 3월 6일이었습니다. 당시 이 연설은 제법 큰 반향을 일으켰는데 그 이유는 연사의 잘 알려진 뛰어난 언변 때문이기도 하고, 발언의 더없는 대담성 때문이기도 했습니다. 30년 후 이 연설은 그의 에세이집에 수록되어 출판되었습니다. 그리고 제1장에 실린 그 연설의 제목이 책 제목이 되었습니다.[1]

그 책의 서문에서 버트런드 러셀은 이렇게 썼습니다. "나는 세상의 모든 위대한 종교는…모두 거짓이며 해롭다고 생각한다"(p. xi). 물론 그가 자신이 어떠한 종류의 '그리스도인'이 아니라고 선언하는지를 정의하는 데 다소 어려움이 있기는 했지만, 그는 하나님이 존재한다고 하는 전통적 논의를 원없이 뒤집어 놓았습니다.

『나는 왜 그리스도인인가』라는 제목의 이 짧은 책에서 나는 러셀 백작의 논거를 하나씩 짚어 가며 반박하려는 것은 아닙니다. 수학 철학자이자 노벨 문학상 수상자이며, 논리와 자유 옹호자인 그의 놀라운 재능을 인정하기 때문입니다. 그러나 동시에 버트런드 러셀이 기독교에 대해서 논의하지 않은 부분, 심지어 고려도 하지 않은 부분에 대해서 논증해야 할 부분이 있다는 점 또한 인정합니다.

1986년에 저를 초청하여 이 주제로 네 번의 설교를 하게 해 준, 런던 랭햄 플레이스에 있는 올 소울즈 교회의 리처드 뷰스 교구 목사에게 감사드립니다. 지금은 고인이 된 제 친구인, 세븐오크스에 있는 성 니콜라스 교회의 마일스 톰슨 교구 목사는 나중에 제 설교 테이프를 들어 준 사람 중 하나입니다. 그는 네 편의 설교에 한두 장을 더 첨가해서 책으로 묶으라고 계속해서 저를 재촉했습니다. 다음은 그가 쓴 편지 내용입니다. "이런 책은 현재 나와 있는 다른 어떤 소책자보다 더 충실하게 기독교를 소개하는 책이 될 것이네. 그리고 동시에 그리스도인이 되는 것이 무엇을 의미하는지 그 함의를 제대로 생각해 보고 싶은 진지한 추구자들에게 너무 무겁거나 거창하지 않은 책이 될 걸세."

그래서 마일스 톰슨의 끈질긴 재촉에 못 이겨 쓰게 된 이 작은 책을 그에게 바칩니다. '밀레스'*Milès*는 라틴어로 '군사'라는 뜻인데, 마일스는 정말로 예수 그리스도의 좋은 군사였습니다.

타자로 친 이 책의 원고를 읽어 준 내 친구 폴 웨스턴과

로저 심슨에게 감사를 드립니다. 그들은 이 책에 대해 몇 가지 제안을 해 주었고 저는 그 제안의 대부분을 수용했습니다. 그리고 세부적인 부분을 손봐 준 영국 IVP의 수석 편집자 스테파니 힐드에게도 감사를 드립니다. 마지막으로 47년간 저의 비서로 일하고 있는 프랜시스 화이트헤드에게, 또 한 권의 흠 없는 책자를 만들어 준 것에 대해 무한한 감사를 드립니다.

이 책을 쓰기 위해 제가 다른 책에서 쓴 내용들, 특히 『시대를 사는 그리스도인』에 쓴 내용들을 자유롭게 빌려왔음을 고백합니다.[2] 그러나 친구들과 출판인들을 통해, 중복되는 내용은 별 문제가 되지 않는다는 것을 확신하게 되었습니다. 이 책에 나오는 제 개인적 진술이나 이야기가 그것 자체로 독립적이기 때문입니다.

존 스토트

인자는 잃은 것을 찾아 구원하러 왔다.

_누가복음 19:10

1장
천국의 사냥개

교통 수단과 전자 매체의 발달로 인해 우리는 이 세상에 다양한 종교가 있다는 것을 그 어느 때보다 더 잘 알게 되었습니다. 그러니 도대체 우리는 어떤 종교를 믿어야 하겠습니까? 수많은 종교들이 우리의 관심을 끌고자 목청을 높이고 있습니다. 과연 어디에 귀를 기울여야 하겠습니까? 우리 앞에는 종교 '뷔페'가 차려져 있습니다. 그렇다면 어떤 요리를 선택해야 하겠습니까? 결국 모든 종교는 하나님으로 이어지지 않습니까?

저는 이러한 다원주의적 견해에 대항하는 의미에서 "나는 왜 그리스도인인가?"라는 질문에 대답하고자 합니다. 어떤 독자들은 아마도 이런 대답을 기대할지도 모릅니다. "제가 그리스도인이 된 이유는 우연히도 기독교 유산을 가진 나라에서 태어났기 때문입니다. 제 부모님도 명목상이나마 그리스도인이셨고, 저는 기독교에 기반을 두고 있는 학교에 다녔고, 기본적으로 기독교 교육을 받았습니다." 다시 말해 제 태생과 부모와 양육 배경 등으로 인해 저는 그리스도인이 되었습니다. 물론 그것은 분명 진실입니다. 하지만 진실의 일부일 뿐입니다. 그 기독교 유산을 제가 거부할 수도 있었기 때문입니다. 실제로 많은 사람들이 그렇게 합니다. 그리고 기독교적인 환경에서 자라지 않은 사람들 중에도 그리스도인이 되는 사람들이 많습니다. 따라서 그것은 완전한 답이 아닙니다.

또 어떤 사람들은 이런 식의 대답을 기대할 것입니다. "1938년 2월 13일, 만 열일곱 살이 되어 가던 청년의 때에 저는 그리스도를 영접하기로 결단했습니다. 그때 저는 '그러면 그리스도라고 하는 예수를, 나더러 어떻게 하라는 거요?'라는 빌라도의 질문에 대한 목사님의 설교를 들었습니다. 그때까지만 해도 저는 그리스도라 불리는 예수와 제가 무슨 상관이 있으랴 생각했지요. 그러나 제 의문들에 대한 대답으로, 그 목사님은 그리스도께 나아가는 길을 제시해 주었습니다. 그는 특히 신약성경에 있는 요한계시록 3:20의 말씀을 지적하셨습니다. '보아라, 내가 문 밖에 서서, 문을 두드리고 있다. 누구든지 내 음성을 듣고 문을 열면, 나는 그에게로 들어가서 그와 함께 먹고, 그는 나와 함께 먹을 것이다.' 그날 밤 저는 침대 옆에 무릎을 꿇고 그리스도께 제 마음의 문을 열고 제 구세주이자 주님으로 들어오시기를 청했습니다."

이것 역시 진실이기는 하지만, 진실의 한 측면에 지나지 않습니다.

가장 중요한 요인은 다른 곳에 있으며, 이 첫 장에서는 바로 그 점에 집중하고자 합니다. 제가 그리스도인인 이유는, 궁극적으로 제 부모나 스승의 영향도 아니고 그리스도에 대한 저 자신의 결단 때문인 것도 아니며, 바로 '천국의 사냥개' 때문입니다. 즉, 제가 원하는 길로 가고자 도망할 때조차도 끈질기게 저를 쫓아오신 예수 그리스도 그분 때문인 것입니다. 그리고 천국의 사냥개이신 그분이 은혜롭게도 저를 추적하지 않으셨다면, 오늘날 저는 헛되고 버림받은 인생들의 쓰레기 더미 위에 놓여 있었을 것입니다.

프랜시스 톰슨

'천국의 사냥개.' 매우 인상적인 이 표현은 프랜시스 톰슨이 만들어 냈습니다. 모팻 고트리는 『이 대단한 연인』에서 그에 대한 이야기와 그의 시를 해설해서 싣고 있습니다.[1]

프랜시스 톰슨은 사랑받지 못하고 외로운 유년기를 보냈으며, 로마 가톨릭 신부가 되는 데에도, (아버지를 이어) 의사가 되는 데에도, 그리고 군인이 되는 데에도 연이어 실패했습니다. 어떤 그리스도인 부부가 그의 시적 재능을 알아보고 그를 도와줄 때까지 그는 런던 거리를 방황하며 지냈습니다. 이 시기 내내 그는 무엇인가를 쫓는 자신과 무엇에 쫓기는 자신 모두를 인식하고 있었고, "천국의 사냥개"라는 시에서 이를 설득력 있게 잘 표현했습니다. 그 시는 이렇게 시작됩니다.

나는 그에게서 도망쳤네, 밤에도 그리고 낮에도.
　나는 그에게서 도망쳤네, 수많은 세월 동안을.
나는 그에게서 도망쳤네, 내 마음속 미궁 같은 길로.
　그리고 슬픔 속에서도
나는 숨었네, 겉으로는 연이어 웃으면서도.
　희망에 부풀어 오르다가도
　두려움의 골짜기 거대한 음울 속으로
곤두박질쳐 버렸네,
　나를 따라오는, 추적해 오는 그 힘찬 발소리로부터.
　　그러나 서두르지 않고
　　흐트러지지 않는 걸음걸이,
일부러 속도를 내며, 장엄한 긴박함으로,
　두드린다—그리고 한 목소리가 두드린다,
　　발소리보다 더 긴박하게—
'네가 나를 배반하기에, 모든 것이 너를 배반한다.'[2]

고트리는, 처음에 이 시를 읽었을 때는 시의 제목 "천국의 사냥개"가 불쾌하게 느껴졌습니다. '하나님을 사냥개에 비유하는 것이 적합하단 말인가?' 하고 그는 스스로에게 물었습니다. 그러나 나쁜 사냥개뿐만 아니라 좋은 사냥개도 있다는 사실을 깨닫게 되었는데, 그중에서도 특히 스코틀랜드 북부에 서식하며 잃어버린 양을 찾아다니는 콜리는 감탄할 만한 사냥개였습니다. 또한 양을 찾아다니는 양치기 개(좀더 정확하게는 양을 찾아다니는 목자)에 관한 주제는 신구약성경 모두에 나온다는 사실도 깨달았습니다. 시편 23편의 마지막 절은 이렇게 끝이 납니다.

진실로 주님의 선하심과 인자하심이
　　내가 사는 날 동안 나를 따르리니,
나는 주의 집에서 영원토록 살겠습니다.

고트리는 여기서 '따르다'라고 다소 약하게 번역된 히브리어를 좀더 의미가 강한 말로 바꾸어야 한다고 지적합니다. 예를 들면, "선하심과 인자하심이 내가 사는 날 동안 나를 추적하고, 붙어 다니며 괴롭게 하고, 내 걸음 하나하나를 미행하리니"로 말입니다.[3] 그것은 끈질기지만 목적이 분명하고, 자애롭지만 무자비한 추적입니다.[4]

그리고 예수님 자신도 목자의 비유를 사용하셨습니다.

그래서 예수께서는 그들에게 이 비유를 말씀하셨다. "너희 가운데서 어떤 사람이 양 백 마리를 가지고 있는데, 그 가운데서 한 마리를 잃으면, 아흔아홉 마리를 들에 두고, 그 잃은 양을 찾을 때까지 찾아다니지 않겠느냐? 찾으면, 기뻐하며 자기 어깨에 메고 집으로 돌아와서, 벗과 이웃 사람을 불러 모으고, '나와 함께 기뻐해 주십시오. 잃었던 내 양을 찾았습니다' 하고 말할 것이다. 내가 너희에게 말한다. 이와 같이 하늘에서는, 회개할 필요가 없는 의인 아흔아홉보다, 회개하는 죄인 한 사람을 두고 더 기뻐할 것이다"(누가복음 15:3-7).

고트리는 톰슨의 시를 다섯 연으로 나누고 있습니다. 첫 번째 연을 그는 '영혼의 도망'이라고 부릅니다. 왜냐하면 시인이 스스로를 제자도의 요구에서 도망치는 자로 보기 때문입니다. 두 번째 연은 '영혼의 추구'인데, 이 영혼은 여기저기에서 만족을 구하지만 결코 얻지 못합니다. 세 번째 연에는 '영혼의 난국'이라는 제목을 붙이는데, 시인이 하나님 없는 인생은 의미가 없음을 발견하기 때문입니다. 네 번째 연 '영혼의 체포'에서 시인은 드디어 그리스도의 사랑에 굴복합니다.

그리스도는 그에게 이렇게 말씀하십니다.

"가여워라, 너는 알지 못하는도다,
네가 얼마나 사랑받을 만하지 못한 존재인지!
너처럼 비천한 자를 사랑할 이 누가 있으랴,
　　나, 오직 나 외에는?"[5]

이 추적이 드디어 끝날 때까지 매 연에서 우리는 '이 대단한 연인'의 발소리를 듣습니다.

"내가 네게서 가지고 간 모든 것은
　　너를 해롭게 하려는 것이 아니라,
네가 그것을 내 품에서 찾게 하려는 것이라…
　　일어나라, 내 손을 잡아라, 그리고 내게로 오라!"[6]

프랜시스 톰슨은 모든 그리스도인의 경험을 표현한 것입니다. 제 삶도 마찬가지였습니다. 우리가 그리스도를 사랑한다면 그것은 그분이 먼저 우리를 사랑하셨기 때문입니다(요한일서 4:19). 우리가 만약 그리스도인이라면 그것은 우리가 그리스도를 믿기로 결단했기 때문이 아니라, 그리스도가 우리를 사랑하기로 결심하셨기 때문입니다. 바로 '이 대단한 연인'의 추적 때문인 것입니다.

    그리스도가 먼저 사랑하셨다는 것의 증거로, 저와 함께 다소 사람 사울의 회심과 세 그리스도인의 전기를 새롭게 살펴보기를 청합니다. 그러고 나서 간략하게 이 글을 쓰는 저와 이 글을 읽는 당신의 이야기로 돌아오고자 합니다.

다소의 사울

먼저 다소 사람 사울의 이야기를 봅시다. 그의 회심은 기독교 교회사를 통틀어 가장 유명한 이야기입니다. 그러나 어떤 사람들은 그의 회심 때문에 근심합니다. "저는 다메섹 도상에서의 사건처럼 그렇게 갑작스런 경험을 한 적이 없는데요"라고 그들은 말합니다. 하지만 생각해 보십시오. 사울의 회심은 갑작스럽지 않았습니다. 이것이 놀랍습니까? 물론 하늘에서 갑자기 빛이 번쩍 비치고, 사울이 갑자기 바닥에 엎드리고, 예수님이 그에게 말씀하신 것은 사실입니다. 그러나 예수님이 이렇게 갑작스럽게 개입하셨던 때가, 예수님이 처음으로 사울에게 말씀하신 때는 결코 아닙니다. 오히려 이 사건은 기나긴 과정 중의 절정이었습니다. 그것을 어떻게 알 수 있을까요? 사도행전 26:14을 보십시오. "우리는 모두 땅에 엎어졌습니다. 그때에 히브리 말로 나에게 '사울아, 사울아, 너는 어찌하여 나를 핍박하느냐? 가시 돋친 채찍을 발길로 차면, 너만 아플 뿐이다' 하고 말하는 음성을 들었습니다."

헬라어 '켄트론'*kentron*은 '박차', '채찍', 또는 '(가축몰이) 막대기'로 번역할 수 있습니다. 이 단어는 아이킬로스 *Aeschylus* 이래로 고대 헬라어에서 비유적 의미로 사용되었습니다. 이와 비슷하게 잠언에 이런 말씀도 있습니다.

말에게는 채찍, 나귀에게는 재갈,
  미련한 사람의 등에는 매가 필요하다(26:3).

사울에게 말씀하시면서 예수님은 자기 자신을 긴 막대기로 고집 센 소를 몰아대는 농부, 혹은 요란스런 어린 망아지를 길들이는 조련사에 비유하셨습니다. 그 함의는 분명합니다. 예수님은 사울을 추적하고 채근하며, 채찍질하고 계셨습니다. 하지만 사울은 그러한 압력에 저항하고 있었습니다. 그리고 그 막대기를 발로 차 내는 것은 몹시 힘들고, 고통스럽고, 심지어 헛되기까지 한 일이었습니다.

여기서 자연스럽게 이러한 의문이 생깁니다. '예수 그리스도는 무엇을 통해 다소 사람 사울을 채찍질하고 계셨을까?' 그것에 대해서 구체적으로 명시된 곳은 없지만, 사도행전과 바울이 훗날에 쓴 서신들에 언뜻언뜻 등장하는 자전적 이야기에서 그 증거를 짜 맞출 수 있습니다.

1. 예수님은 사울의 생각을 채찍질하고 계셨습니다. 사울은 예루살렘에서, 1세기를 통틀어 가장 유명한 유대인 선생이었던 가말리엘의 문하에서 교육을 받았습니다. 따라서 사울은 신학적으로는 유대교에 정통했고, 도덕적으로는 율법을 향한 열심이 있었습니다. 그 당시 의식으로 사울은, 나사렛 예수는 메시아가 아니라고 확신하였습니다. 유대교의 메시아가 자기 백성에게 버림받고, "나무에 달린 사람은 하나님께 저주를 받은 사람이기 때문입니다"(신명기 21:23)라고 적힌 율법에 따라 하나님의 저주 아래 죽는다는 것은 그로서는 상상도 못할 일이었습니다. 메시아가 그럴 수는 없는 일이었습니다. 예수는 분명 사기꾼이었습니다. 그래서 사울은 나사렛 예수를 대적하고 그의 추종자들을 박해하는 것이 자신의 명백한 의무라고 생각했습니다. 이것이 그의 의식적 차원의 확신이었습니다. 그러나 무의식적으로는, 의문들이 마음을 가득 채웠는데, 이는 예수에 대해 떠도는 소문 때문이었습니다. 그의 아름다운 가르침과 권위, 온유하고 부드러운 성품, 가난한 사람들을 불쌍히 여기고 섬기는 삶, 놀라운 치유 사역, 그리고 무엇보다도 그가 죽은 것으로 끝난 것이 아니라는 소문이 끊임없이 돌고 있었던 것입니다. 사람들은 그가 죽고 난 후에도 그를 보았고, 만졌고, 그와 함께 대화를 했다고 주장하고 있었습니다. 사울은 혼란스러웠습니다.

2. 예수님은 사울의 기억을 채찍질하고 계셨습니다. 사울은, 누가가 "믿음과 성령이 충만한 사람"(사도행전 6:5)이라고 묘사한 스데반이라는 기독교 지도자가 산헤드린 공회에서 재판을 받는 자리에 분명히 있었습니다. 스데반이 믿음과 성령이 충만한 사람이었다는 것은 소문이나 풍문이 아니었습니다. 사울은 자신의 눈으로 직접 스데반의 얼굴이 천사의 얼굴처럼 빛나는 것을 보았기 때문입니다(사도행전 6:15). 그는 자신의 귀로 직접 스데반의 변호를 들었고, 스데반은 변호를 마치면서 하나님의 영광이 보이고 "하나님의 오른쪽에 인자가 서 계신 것이"(사도행전 7:55-56) 보인다고 주장했습니다. 그리고 사람들은 스데반을 성 밖으로 몰고 나가 돌로 쳐서 죽였고 자신들의 옷을 사울의 발 앞에 두었습니다. 누가는 이어서 이렇게 설명합니다. "사람들이 스데반을 돌로 칠 때에, 스데반은 '주 예수님, 내 영혼을 받아 주십시오' 하고 부르짖었다. 그리고 무릎을 꿇고서 큰 소리로 '주님, 이 죄를 저 사람들에게 돌리지 마십시오' 하고 외쳤다. 이 말을 하고 스데반은 잠들었다"(사도행전 7:59-60).

사울은 분명 속으로 이렇게 생각했을 것입니다. '이 그리스도인들에게는 설명하지 못할 무엇인가가 있어. 이들은 나사렛의 예수가 메시아라고 확신하고 있고, 그 확신에 대한 용기도 있어. 그 확신 때문에 죽을 각오도 되어 있으니 말이야. 게다가 자신의 적에게 보복하려 하지 않고 오히려 그들을 위해서 기도하잖아.' 예수님은 사울의 기억을 찌르고 계셨습니다. 사울은 스데반을 마음속에서 지울 수가 없었습니다.

3. 예수님은 사울의 양심을 채찍질하고 계셨습니다. 사울은 모든 바리새인들과 마찬가지로 매우 의로운 사람이었습니다. 그는 흠 없는 생활을 했고, 평판에도 흠이 없었습니다. 훗날 자신의 서신에서 썼듯, 그는 율법의 의로는 흠잡힐 데가 없는 사람이었습니다(빌립보서 3:6). 그러나 자신이 주장했던 흠 없는 의로움은 순전히 율법의 요구에 대한 외적 순응일 뿐이었습니다. 그는 겉으로는 율법의 가르침과 금지를 따랐습니다. 그러나 내면의 양심은 자신이 죄인이라는 것을 알고 있었습니다. 훗날 C. S. 루이스가 쓴 말을 사울이 그대로 사용해도 무방했을 것입니다. "나는 처음으로 지극히 실제적인 목적을 가지고 나 자신을 점검해 보았다. 그 결과는 경악스러웠다. 정욕의 우리, 야망의 도가니, 두려움의 온상, 애지중지 가꾼 증오의 하렘이 거기 있었다. 내 이름은 '군대'였다."[7]

사울의 경우 십계명의 마지막 계명으로 자신의 죄를 깨닫게 되었습니다. 나머지 아홉 개는 자신의 말과 행동에만 연관되는 것이기 때문에 비교적 잘 감당할 수 있었습니다. 그러나 열 번째 계명은 탐심을 금한 것이었습니다. 탐심은 어떤 행동이나 말이 아닌 욕망, 만족시킬 수 없는 정욕이었습니다. 그래서 그가 열 번째 계명과 맞닥뜨렸을 때, 그것이 자신을 죽였다고 로마서 7장에서 매우 극적인 비유로 설명하고 있습니다.

> …율법에 비추어 보지 않았다면, 나는 죄가 무엇인지 알지 못하였을 것입니다. 율법에 '탐내지 말아라' 하지 않았다면, 나는 탐심이 무엇인지를 알지 못하였을 것입니다. 그러나 죄는 이 계명을 통하여 틈을 타서, 내 속에서 온갖 탐욕을 일으켰습니다.… 전에는 율법이 없어서 내가 살아 있었는데, 계명이 들어오니까 죄는 살아나고, 나는 죽었습니다(로마서 7:7-9).

4. 예수님은 사울의 영혼을 채찍질하고 계셨습니다. 제가 여기서 사용한 '영혼'이라는 말은 우리 인간의 구성 요소 중에서 초월적 존재인 하나님을 인식하는 부분을 의미합니다. 유대인인 사울은 당연히 어린 시절부터 하나님을 믿었습니다. 그는 청년 때부터 깨끗한 양심으로 하나님을 섬기고자 했지만, 자신이 믿는 그 하나님과 자신이 분리되어 있음을 알았습니다. 그는 하나님을 믿었지만 하나님을 알지 못했습니다. 그는 하나님에게서 소외되어 있었습니다. 바로 앞에 인용한 말씀에서 그는 이렇게 말했습니다. "계명이 들어오니

까…나는 죽었습니다." 이후 서신에서 그는 이것을 생명을 주시는 하나님에게서 멀어져 "허물과 죄로 죽었던"(에베소서 2:1)이라고 표현하였습니다.

저는 바로 이러한 것들이 예수 그리스도가 다소 사람 사울을 찌르던 막대기였다고 생각합니다. 사울은 발길질을 했지만 결국 자신만 다치고 말았던 것입니다. 예수님은 사울의 생각을 찌르셨고, 사울은 예수님이 사기꾼인지 아니면 진짜인지에 대한 의문이 잔뜩 생겼습니다. 예수님은 사울의 기억을 찌르셨고, 스데반의 얼굴과 말과 위엄 그리고 죽음을 상기시키셨습니다. 예수님은 사울의 양심을 찌르셨고, 그에게 악한 욕망이 있음을 보이셨습니다. 그리고 사울의 영혼을 찌르셨고, 그 광대하고 텅 빈 소외의 진공 상태를 깨닫게 하셨습니다. 이런 식으로 수년 동안 예수님은 사울을 찌르셨으며, 오직 치유하기 위해서 그에게 상처를 주셨습니다. 그리고 교회를 박해함으로써 그리스도를 박해한 그 광신적 행위는 사실 그의 내적 불안을 드러내 주는 것이었습니다. 따라서 예수님이 다메섹 도상에서 사울에게 나타나셨을 때, 그것은 점진적 과정 속에서 나타나는 갑작스런 절정이었던 것입니다. 사울은 드디어 오랫동안 싸우고 도망치던 그분에게 굴복했습니다.

아우구스티누스

이제 몇몇 그리스도인의 전기로 넘어가서, 먼저 초기 교회의 위대한 교부인 히포의 아우구스티누스부터 살펴봅시다. 아우구스티누스는 4세기 중반에 북아프리카(현재의 알제리)에서 태어났습니다. 그는 십 대의 나이에 이미 자신의 열정에 사로잡혀 방탕한, 심지어 난잡하기까지 한 생활을 하고 있었습니다. 그는 자신의 저서 『고백록』에서 이렇게 쓰고 있습니다.

> 그리하여 검은 먹구름이 내 마음의 창공을 덮어 버리자 나는 진실된 사랑의 광채와 헛된 정욕의 안개를 분별할 수 있는 능력을 잃고 말았습니다. 나는 방황의 심한 폭풍우 속에서 사랑과 정욕을 혼돈하였고, 불안정한 젊음은 부정한 쾌락의 낭떠러지로 곤두박질쳐서 마침내 파렴치한 죄악의 심연 속으로 빠져 버리고 말았습니다.[8]

죄에 반쯤 잠겨 있는 와중에도 아우구스티누스는 공부에 몰두하여, 먼저는 카르타고에서 그다음에는 로마와 밀라노에서 공부를 했습니다. 그의 머릿속에서는 (그 당시 그가 거부했던) 기독교와 (그가 받아들였던) 마니교 사이의 전쟁이 치열하게 일어나고 있었습니다. 이러한 도덕적 수치와 지적 혼돈의 소용돌이 속에서 그는 자신의 처절한 모습을 보았습니다. 그러나 그의 지성과 양심의 내적 불안을 통해서, 또한 신앙심 깊은 어머니 모니카의 기도와 눈물을 통해서, 밀라노의 주교 암브로스의 친절한 권고를 통해서 예수 그리스도는 분명 그를 추적하셨습니다.

다소의 사울처럼 히포의 아우구스티누스에게도 그 절정은 갑작스럽게 찾아왔습니다. 그는 친구 알리피우스와 함께 자신의 숙소에 딸려 있는 정원으로 나갔습니다. 그는 나무 밑에 몸을 던지고 "어느 때까지입니까, 주님?" 하고 절규하며 펑펑 울었습니다.

그처럼 말하며 비통에 잠겨 우는데, 갑자기 이웃집에서 흘러나오는 한 음성을 들었습니다. 소년의 음성인지 소녀의 음성인지 구분할 수 없었지만 이렇게 반복되었습니다. "집어들고 읽어라. 집어들고 읽어라."…나는 쏟아지는 눈물을 억제하고 일어섰습니다. 그 음성은 분명히 성경책을 펴 들고 제일 처음에 눈에 띄는 장을 읽으라는 하나님의 명령이라 해석했습니다.…그래서 나는 급히 알리피우스가 앉았던 자리로 돌아가서 거기에 둔 사도 바울의 서신을 펴 들고 제일 먼저 내 눈길이 닿는 부분을 읽었습니다. "낮에 행동하듯이 단정하게 행합시다. 호사한 연회와 술취함, 음행과 방탕, 싸움과 시기에 빠지지 맙시다. 주 예수 그리스도로 옷을 입으십시오. 정욕을 채우려고 육신의 일을 꾀하지 마십시오"(로마서 13:13-14).

나는 더 읽지도 않았고 더 읽을 필요도 없었습니다. 이 말씀은 광명한 확신의 빛으로 내 마음을 비추어 내 속에 있던 모든 의심의 어두움을 물리쳐 주었기 때문입니다.[9]

아우구스티누스는 자신의 경험을 순전히 은혜, 즉 대가도 없고 자신의 공도 전혀 없는 하나님의 은총으로 돌렸습니다. 그는 하나님이 자신의 영적인 오감 즉 청각, 시각, 후각, 미각, 촉각 모두를 소생시켰다고 말합니다.

주님은 나를 부르시고 크게 외치셔서, 들을 수 없었던 나의 귀를 열어 주셨습니다. 주님은 내게 빛을 비추사 볼 수 없던 눈을 뜨게 해 주셨습니다. 당신의 아름다운 향내음을 나의 가슴으로 들이키고 난 후 나는 더욱 당신을 사모하게 되었습니다. 주의 영을 맛본 이후로 나는 더욱 주의 말씀에 주렸고 목이 말랐습니다. 주께서 나를 만지셨고 나는 당신의 평안으로 불타올랐습니다.[10]

그런데 바울은 1세기의 사람이고, 아우구스티누스는 4세기와 5세기의 사람입니다. 이제는 우리의 시대로 눈을 돌려 오늘날도 여전히 천국의 사냥개가 사람들을 쫓고 있는 것을 볼 차례입니다.

맬컴 머거리지

맬컴 머거리지는 20세기 후반의 저명한 인물로서, 문인이자 유명 방송인이요, 그리스도인 연설가였습니다. 그는 자신의 자서전 앞부분에서 케임브리지를 졸업하고 곧 인도 남부의 멀리 떨어진 곳에서 시간을 보낸 이야기를 하고 있습니다. 그는 이렇게 쓰고 있습니다.

> 나는 내 탐색 외에도 나 자신이 추적당하고 있다는 생각이 들었다. 내 뒤에서 들리는 발자국 소리, 나를 따라오는 그림자, 천국의 사냥개. 그것은 너무도 가까이 있어서 목덜미에 뜨거운 숨결이 느껴질 정도였다.…나는 또한 도망치고 있었다. 쫓고 쫓기고, 추적당하고 추적하고, 탐색하고 도망치고, 결국에는 이 모든 것이 하나의 단일한 내재적 실체로 혹은 발광체로 융합되었다.[11]

머거리지는 자신의 경험을 2인칭 대상과의 직접적인 만남으로 표현함으로써 그 경험을 좀더 극적으로 보여 주었습니다.

> 맞습니다. 당신은 거기 계셨습니다. 나도 압니다.…내가 아무리

멀리 그리고 빨리 달려도 여전히 내 어깨 너머로 바짝 따라오는 당신의 모습을 흘끗 볼 수 있었지요. 그러면 그 어느 때보다 더 빨리 그리고 더 멀리 달리면서 "이제는 정말로 도망쳤다"고 의기양양했습니다. 그러나 아니요, 당신은 여전히 내 뒤를 따라오고 계셨습니다.…먹이를 쫓아가는 이 거룩한 짐승이 마지막 도약을 준비할 때 우리는 떨게 됩니다.…도망칠 길은 없습니다.[12]

C. S. 루이스

그러나 이러한 신성한 추적의 느낌을, 제가 앞에서 그 솔직한 이야기를 이미 언급한 C. S. 루이스보다 더 감동적으로 표현한 사람은 없습니다. 루이스는 옥스퍼드와 케임브리지의 학자요 문학 비평가였고, 아동 문학 작가이자 기독교 변증가였습니다.

회심하기 얼마 전부터 루이스는 하나님이 자신을 쫓아오고 있다는 것을 의식하였습니다. 그는 자신의 자전적 글 『예기치 못한 기쁨』에서 그러한 추적을 설명하는 비유들을 많이 사용하고 있습니다.[13] 먼저 하나님은 낚싯줄에 걸린 물고기가 지칠 때까지 내버려 두시는 '존귀한 어부'였는데, "내가 그 낚싯바늘을 물었다는 생각을 그때는 꿈에도 하지 못했다"고 루이스는 기록하고 있습니다.[14] 그다음에 루이스는 하나님을 쥐를 쫓는 고양이에 비유했습니다. "상냥한 불가지론자들은 '하나님을 찾는 인간의 탐색'에 대해 쾌활하게 이야기할 수도 있을 것이다. 그러나 그 당시 나는 차라리 쥐가 고양이를 찾아 나선다고 말하는 편이 나을 것 같은 기분이었다."[15] 세 번째로 그는 하나님을 사냥개 무리에 비유했습니다. "헤겔의 숲에서 쫓겨난 여우가 아무것도 없는 들판을 내달리고 있는데…더럽고 지친 몸으로 도망치는 그 뒤를 사냥개들이 바짝 쫓고 있었다. 그 사냥개의 무리에 거의 모든 이들이 이런저런 방식으로 끼어들었다."[16] 마지막으로 하나님은 그를 꼼짝 못할 상황으로 서서히 유도하는 성스러운 체스 선수였습니다. "내 견해들은 모든 면에서 가장 불리한 위치에 처하게 되었다. 얼마 가지 않아 주도권이 나에게 있다는 환상조차 더 이상 붙들 수 없게 되었다. 나의 맞수는 드디어 마지막 몇 수를 두기 시작하셨다."[17] 그래서 루이스는 그 책의 마지막 바로 앞 장에 '체크메이트'라는 제목을 붙였습니다.[18]

그는 옥스퍼드 재학 시절 그리스도께 실제로 굴복한 순간을 다음과 같이 인상적인 말로 묘사했습니다.

모들린의 방에 혼자 있을 때 일만 잠시 놓으면 그토록 피하고 싶어했던 그분이 꾸준히, 한 치의 양보도 없이 다가오시는 것을 밤마다 느껴야 했던 내 처지를 상상해 보기 바란다. 내가 너무나도 두려워했던 그 일이 마침내 일어나고야 말았다. 1929년 여름 학기에 나는 드디어 항복했고, 하나님이 하나님이시라는 사실을 인정했으며, 무릎을 꿇고 기도했다. 아마 그날 밤의 회심은 온 영국을 통틀어 가장 맥 빠진 회심이자 내키지 않는 회심이었을 것이다. 지금은 너무나도 찬란하고 선명해 보이는 그 일이 그 당시 내 눈에는 그렇게 비치지 않았다. 하나님은 얼마나 겸손하신지 이런 조건의 회심자까지 받아 주신다. 성경에 나오는 탕자는 그래도 제 발로 집을 찾아갔다. 그러나 끌려가는 와중에도 발길질을 하고 몸부림을 치고 화를 내면서 사방을 두리번거리며 도망갈 기회를 찾는 탕자에게도 하늘의 높은 문을 활짝 열어 주시는 그분의 사랑을 그 누가 찬양하지 않으랴?…하나님의 준엄함은 인간의 온화함보다 따뜻하다. 그의 강요는 우리를 해방시킨다.[19]

그러나 우리는 천국의 사냥개가 다소의 사울이나 히포의 아우구스티누스, 맬컴 머거리지, 그리고 C. S. 루이스 같은 거물들만 추적한다고 생각해서는 안 됩니다. 예수님이 오신 이래로 수많은 평범한 사람들이 그리스도가 문을 두드리거나 막대기로 찌르거나 추적하는 경험을 했다고 증언했습니다.

저 자신도 그러한 증언을 할 수 있습니다. 저는 '나는 왜 그리스도인인가'에 대해서 책을 쓰고 있기 때문에 제 개인적인 이야기를 하지 않을 수 없습니다. 제 긴 생애를 돌아보면서 저는 종종 무엇이 저를 그리스도께로 인도했는지 스스로에게 묻곤 했습니다. 이미 말한 것처럼, 그것은 제 부모님의 양육이나 저 자신의 독립적인 선택이 아니었습니다. 그것은 문을 두드리며 문 밖에 서 있는 자신에게 관심을 돌리게 하신 그리스도 그분이셨습니다.

그분은 두 가지 방식을 사용하셨습니다. 첫 번째는 하나님에게서 멀어진 듯한 기분을 통해서였습니다. 저는 결코 무신론자가 아니었습니다. 저는 하나님의 존재를 믿었습니다. 모든 현상 이면에, 그리고 모든 현상을 초월하는 곳에, 궁극적 실재인 누군가 혹은 무엇인가가 있다고 믿었습니다. 하지만 그분을 찾지는 못했습니다. 저는 다니던 학교의 작고 컴컴한 예배당에 들러 종교 서적을 읽고 기도를 낭송하곤 했습니다. 그러나 아무 소용이 없었습니다. 하나님은 멀리 계셨고 냉담했습니다. 하나님을 둘러싼 듯한 안개를 저는 뚫을 수가 없었습니다.

그리스도가 문을 두드리는 소리를 들은 두 번째 방법은 저의 패배감을 통해서였습니다. 저는 청년기의 강렬한 이상주의에 사로잡혀 제가 바라는 제 미래상으로 영웅적인 그림을 그려 두었습니다. 즉 친절하고, 이타적이고, 공공을 위하는 그런 사람이었습니다. 그러나 저는 제가 어떤 사람인지에 대해서도 똑같이 분명한 그림을 가지고 있었습니다. 그것은 심술궂고, 자기중심적이고, 교만한 사람이었습니다. 이 두 그림은 일치하지 않았습니다. 저는 이상은 높았으나, 의지는 약한 사람이었습니다.

그러나 문 앞에 선 이 낯선 사람은 그 소외감과 패배감을 통해 계속해서 문을 두드렸습니다. 이 장의 서두에서 제가 언급한 그 설교자가 제 딜레마에 빛을 비춰 줄 때까지 말입니다. 그 설교자는 제게 예수 그리스도의 죽음과 부활에 대해서 이야기했습니다. 그는 그리스도가 소외되어 있던 저를 하나님과 화해시키기 위해 죽으셨고, 제 패배를 승리로 바꾸기 위해 죽음에서 부활했다고 설명해 주었습니다. 제 주관적인 필요와 그리스도의 객관적인 공급은 우연이라고 하기에는 너무나 밀접하게 일치했습니다. 그리스도의 두드림은 더 커지고 더 집요해졌습니다. 제가 문을 연 것일까요, 아니면 그분이 문을 여셨을까요? 물론 제가 열었지만, 그분의 끈질긴 두드림 때문에 그것이 가능하였고, 심지어는 불가피하기까지 했습니다.

제 이야기를 해 드렸습니다. 당신의 이야기는 어떤지 궁금합니다. 예수님은 그의 비유에서, 우리가 하나님을 의식적으로 찾건 그렇지 않건 하나님은 분명 우리를 찾으신다고 확실하게 말씀하십니다. 하나님은 잃어버린 동전을 찾으려고 온 집안을 쓰는 여인과 같으며, 잃어버린 단 한 마리의 양을 찾아 사막의 위험을 무릅쓰는 목자와 같으며, 제멋대로인 아들을 그리워하면서 아들이 어리석음의 쓴맛을 보게는 하지만, 어느 때고 집으로 돌아오면 뛰어나가 맞이하고 환영할 준비가 되어 있는 아버지와 같습니다.

우리 모두가 생애의 어느 시점엔가는 예수 그리스도의 찌름을 느끼고 두드림을 들었을 것이라고 저는 생각합니다. 비록 우리가 그것이 무엇인지 알아채지 못했을지라도 말입니다. 우리가 잘못된 길에 들어서서 잘못된 방향으로 가려고 할 때, 그가 우리를 추적하고 경고하시는 방법은 다양하기 때문입니다.

때로 그것은 수치심과 죄책감이 될 수도 있습니다. 우리가 생각했거나 말했거나 행했던 것을 떠올리며 자신이 그렇게까지 부패할 수 있다는 사실에 충격을 받을 때 우리는 그런 감정을 느낍니다.

혹은 깊고도 어두운 우울함의 구덩이일 수도 있고, 아무 의미도 없고 모든 것이 부조리한 존재론적 절망의 공허함일 수도 있습니다. 혹은 죽음과 죽음 이후에 찾아올 수 있는 심판에 대한 두려움일 수도 있습니다.

반대로 긍정적인 차원에서, 우리는 때로 자연의 섬세한 균형을 보며 신비감에 압도당할 수도 있고, 듣기에, 보기에,

혹은 만지기에 놀랍도록 아름다운 어떤 것에 압도당할 수도 있습니다. 혹은 자신이 받기에 합당하지 않은 사랑의 희열을 느끼고 짝사랑 때문에 찌르는 듯한 아픔을 경험할 수도 있습니다. 누구나 본능적으로 사랑이 세상에서 가장 위대한 것이라는 사실을 알기 때문입니다. 바로 이러한 순간에 예수 그리스도는 우리에게 가까이 오시고, 자신의 손으로 두드리거나 찌르십니다.

우리가 그리스도의 끈질긴 추적을 의식하고, 그에게서 도망치는 것을 멈추고, '이 위대한 연인'의 감싸 안음에 굴복한다면, 우리가 한 일에 대해서 자랑할 여지는 전혀 없을 것입니다. 다만 그의 은혜와 자비에 대한 깊은 감사와, 그의 사랑의 섬김 안에서 시간과 영원을 보내리라는 단호한 결심만이 있을 뿐이겠지요.

주님의 영이 내게 내리셨다. 주님께서 내게 기름을 부으셔서,

가난한 사람에게 기쁜 소식을 전하게 하셨다.

주님께서 나를 보내셔서, 포로 된 사람들에게 해방을 선포하고,

눈먼 사람들에게 눈 뜸을 선포하고, 억눌린 사람들을 풀어 주고,

주님의 은혜의 해를 선포하게 하셨다.

_누가복음 4:18-19

2장

예수님의 주장

"나는 왜 그리스도인인가?"에 대한 첫 번째 대답은 제가 굴복할 때까지 저를 추적하고 채찍질하시는 천국의 사냥개에 대한 이야기로 설명했습니다. 그 질문에 대한 두 번째 대답은 이것입니다. "기독교가, 아니 좀더 정확하게는 예수님의 주장이 진리라고 확신하기 때문입니다."

관용을 중요하게 여기는 다원주의적인 우리 사회에서 누군가가 그리스도인이 되면 사람들은 대체로 아는 체를 하며 이렇게 말합니다. "그거 좋은 일이군요! 당신에게 분명 큰 도움이 될 거예요. 요즘처럼 힘들고 위협적인 시대에는 종교의 위안이 필요하죠."

예수 그리스도가 그 추종자들에게 큰 도움과 위로가 된다는 사실을 조금이라도 부인할 마음은 없습니다. 그러나 예수님은 급진적으로 도전하기도 하십니다. 따라서 제가 그리스도인이 된 두 번째 이유는, 그것이 좋기 때문이 아니라 진리이기 때문입니다.

포스트모던 문화는 근대성의 자기 과신에 대한 반작용으로 모든 확신을 잃어버리고, 객관적 혹은 보편적 진리란 존재하지 않는다고 단언합니다. 우리가 이해하는 모든 것은 문화적 조건의 영향을 받은 것이고, 상대적이며, 모든 사람에게는 자기 나름의 진리가 있다고 말합니다. 그러나 그리스도인들에게는 그와는 다른 신념이 있는데, 그것은 바로 객관적 진리라는 것이 존재한다는 신념입니다.

이러한 주장의 좋은 예로 사도 바울이 어느 재판에서 보여 준 태도를 들 수 있습니다(사도행전 26장). 바울은 아그립바 왕 앞에서 자신을 변호할 수 있는 허락을 얻어, 자신이 유대교의 전통대로 양육을 받은 것과 교회를 박해한 일, 극적인 회심을 하게 되고 이방인의 사도로 위임받게 된 일들을 이야기했습니다. 그는 메시아는 고난을 받아야 했고 죽음에서 부활한 첫 사람이 되어야 했다고 선언했습니다.

이때 로마의 통치를 받던 유대 지역의 총독인 베스도가 바울의 변호를 가로막고 외쳤습니다. "바울아, 네가 미쳤구나. 네 많은 학문이 너를 미치게 하였구나."

그러자 바울은 "베스도 총독님, 나는 미치지 않았습니다" 하고 침착하게 대답했습니다. "나는 맑은 정신으로 참말을 하고 있습니다"(24-25절을 보십시오). 바울의 말이 실제로 맑은 정신에서 나온 것은, 그것이 바로 진리이기 때문입니다. 저도 바울처럼 이야기할 수 있습니다.

우선 이것만은 분명히 해 두도록 합시다. 기독교의 주장은 본질적으로 그리스도의 주장입니다. 저는 굳이 '기독교'를 하나의 체제로, 혹은 '교회'를 하나의 제도로 옹호할 마음이 없습니다. 교회의 역사는 영웅적 행위와 수치스런 행위가 뒤섞인, 한편으로는 기쁘지만 한편으로는 괴로운 이야기입니다. 하지만 우리는 기독교의 중심이자 핵심인 예수 그리스도를 부끄러워하지는 않습니다.

실제로 교회에 대해서는 비판적이지만 예수님에 대해서는 은밀한 존경심을 가진 사람들이 많습니다. 사실 저는 예수 그리스도를 높이 평가하지 않는 사람을 아직 만나 본 적이 없으며, 앞으로도 만날 일이 없으리라고 생각합니다. 예수님은 우리 같은 21세기를 살아가는 사람들의 마음을 움직입니다. 그분은 제도권을 가차 없이 비판하셨습니다. 그분은 가난하고 어려운 사람들을 돕는 일에 열성적이셨습니다. 그분은 사회의 낙오자들과 친구가 되었습니다. 그분은 남들이 멸시하고 무시하는 그 사람들을 긍휼히 여기셨습니다. 또한 맹렬하고 부당하게 공격을 받았지만 결코 보복하지 않으셨습니다. 그분은 제자들에게 원수를 사랑해야 한다고 가르치셨고 자신이 가르친 대로 실천하셨습니다. 예수님은 참으로 존경할 만한 분이십니다.

의외지만, 분명 예수님의 가르침 중 가장 두드러진 특징은 자기중심성입니다. 그분은 사실 끊임없이 자기 자신에 대해 이야기하셨습니다. 물론 하나님 나라에 대해 많은 이야기를 하셨지만, 늘 자신이 그 나라의 시작을 위해 왔다는 말을 덧붙이셨습니다. 또한 하나님의 아버지 되심에 대해 이야기하실 때도, 자신이 그 아버지의 '아들'임을 덧붙이셨습니다.

요한이 자신의 복음서에 기록하고 있는 위대한 '나는…이다' 진술에서 예수님은 자신이 "생명의 떡", "세상의 빛", "길이요, 진리요, 생명" 그리고 "부활이요 생명"이라고 주장하셨습니다. 그 외 다른 성경 본문에서도 예수님은 자기 자신을 믿음의 대상으로 내세우셨습니다. "나에게 오라" 그리고 "나를 따르라"고 예수님은 계속 말씀하셨고, 자신을 따르면 무거운 짐을 벗게 되고 갈증이 해소될 것이라고 약속하셨습니다(참고. 마태복음 11:28; 요한복음 7:37). 이보다 더 극적인 것은 사랑에 대한 예수님의 설명입니다. 예수님은 하나님을 우선시하고 모든 것을 다해 하나님을 사랑하라는 구약성경의 최고 계명을 아셨고, 그 말씀을 인용하셨습니다. 그러나 이제는 자신에게 그들의 첫사랑을 달라고 제자들에게 요구하시며, 심지어 가장 가까운 친척이라도 예수님보다 다른 사람을 더 사랑하는 사람은 예수님께 적합하지 않다고 덧붙이셨습니다(참고. 마태복음 10:37-39).

이렇게 인칭 대명사('나는-나를')가 두드러지게 사용된 것에 우리 마음이 매우 불편해지는 것은, 특히 겸손을 가장 탁월한 미덕으로 내세우신 분의 말씀이기에 더욱 그러합니다. 그러나 이것은 예수님을 세상의 모든 종교 지도자들과 구분해 주는 점이기도 합니다. 다른 종교 지도자들은 자신을 바라보게 하지 않고 자신이 가르치는 진리를 바라보게 함으로, 자기 자신이 드러나지 않게 했습니다. 그러나 예수님은 제자들에게 믿음과 사랑과 순종의 대상으로 자기 자신을 제시하시며 자신을 내세우셨습니다. 그렇다면 예수님은 자신이 유일무이한 존재라고 확신했음이 분명하며, 따라서 우리가 살펴보고자 하는 것은 바로 예수님의 이러한 자의식에 관한 것입니다. 그 자의식에는 중요한 요소가 세 가지 있는데, 그것은 예수님이 주장하신 세 가지 관계입니다. 그 첫 번째는 예수님과 구약성경의 관계이고, 두 번째는 예수님이 아버지라고 부른 하나님과의 관계이며, 세 번째는 우리를 비롯한 나머지 인류와의 관계입니다.

성취

첫 번째로, 예수님은 자신이 구약성경을 성취했다고 주장하셨습니다.

이러한 성취 의식은 예수님의 공적인 사역 처음부터 끝까지 그분의 자의식을 지배하는 핵심 요소였습니다. 헬라어 성경에 의하면, 마가복음에 예수님의 말씀 중 가장 먼저 기록된 단어는 '페플레로타이'*peplērōtai*, 즉 '성취되다'였습니다. 예수님은 다음과 같이 선포하셨습니다. "때가 찼다(문자적 의미는 '성취되었다'). 하나님의 나라가 가까이 왔다. 회개하여라. 복음을 믿어라"(마가복음 1:15). 다시 말해, 오래전 구약성경에 약속된 하나님의 나라 또는 하나님의 통치가 드디어 도래했고, 예수님 자신이 그 도래를 알리기 위해 오셨다는 것입니다. 따라서 사람들이 자신을 낮추고 회개하고 예수님을 믿기만 하면, 바로 그 순간 그 자리에서 하나님 나라에 '들어가거나' 그 나라를 '상속받을' 수 있었습니다.

다음으로, 누가복음 4:14-21에 기록된 극적인 사건을 생각해 봅시다. 이것은 어느 안식일에 예수님의 고향인 나사렛에서 일어난 일입니다. 예수님은 여느 때처럼 회당에서 드리는 예배에 참석하셨습니다. 예수님은 선지자 이사야가 쓴 예언서가 기록된 두루마리를 건네받았고, 그날 읽기로 된 본문은 오늘날 성경의 61장에 나오는 말씀이었습니다.

"주님의 영이 내게 내리셨다.

    주님께서 내게 기름을 부으셔서,

가난한 사람에게 기쁜 소식을 전하게 하셨다.

주님께서 나를 보내셔서,

포로 된 사람들에게 해방을 선포하고,

눈먼 사람들에게 눈 뜸을 선포하고,

억눌린 사람들을 풀어 주고,

주님의 은혜의 해를 선포하게 하셨다"

(누가복음 4:18-19; 참고. 이사야 61:1-2).

예수님은 글을 낭독한 후 두루마리를 말아 회당에서 시중드는 사람에게 돌려주신 후, 그 회당을 방문한 랍비로서 본문을 설명하려고 앉으셨습니다. 회중의 눈이 예수님께 고정되자 예수님은 다음의 말씀으로 그들을 놀라게 하셨습니다. "이 성경 말씀이 너희가 듣는 가운데서 오늘 이루어졌다(여기서도 '페플레로타이'입니다)"(누가복음 4:21). 다시 말해서, "이 선지자가 누구에 대해서 쓴 것인가 하면, 바로 나에 대해서다"라는 뜻입니다. 자신이 성경의 성취라는 주장은 매우 특이한 주장이었습니다.

그래서 예수님은 계속해서 "성경은 나에 대하여 증언하고 있다"(요한복음 5:39), "아브라함은 나의 날을 보리라고 기대하며 즐거워하였[다]"(요한복음 8:56)고 확언하셨습니다. 그리고 부활하신 후 "성경 전체에서 자기에 관하여 써 놓은 일을 그들에게 설명하여 주셨[고]", "모세의 율법과 예언서와 시편에 나를 두고 기록한 모든 일이 반드시 이루어져야 한다"(누가복음 24:27, 44)고 덧붙이셨습니다.

특히 예수님은 구약성경에 묘사된 두 인물 속에서 자기 자신을 보셨습니다. 첫 인물은 다니엘의 환상 중에 인간의 모습을 하고 나오는 "인자"로서, 그 "인자"에게는 "옛부터 계신 분이 그에게 권세와 영광과 나라를 주셔서, 민족과 언어가 다른 뭇 백성이 그를 경배하게" 하셨고, 그 권세는 "영원한 권세여서, 옮겨 가지 않을 것"이었습니다(다니엘 7:13-14).

그러나 예수님은 또한 자신을 이사야가 말한 "고난받는 종"으로도 보셨는데 이 종은, "사람들에게 멸시를 받고, 버림을 받고", 또한 "많은 사람의 죄를 대신 짊어졌[습니다]"(이사야 53:3, 12). 이처럼 다니엘 7장에 나오는 "인자"가 영광의 칭호라면, 이사야 53장의 "고난받는 종"은 수치의 칭호였습니다. 그런데 예수님은 그때까지 누구도 하지 못했던 일을 하셨습니다. 바로 그 두 이미지를 섞어서 인자가 많은 고난을 받아야만 한다고 말씀하신 것입니다(마가복음 8:31). 예수님은 오직 고난과 죽음을 통해서만 영광으로 들어갈 수 있다고 주장하셨습니다.

마태와 누가는 예수님이 그 어느 때보다 강하고 분명한 어조로 말씀하셨던 내용을 기록하고 있습니다. "너희의 눈은 지금 보고 있으니 복이 있으며, 너희의 귀는 지금 듣고 있으니 복이 있다. 그러므로 내가 진정으로 너희에게 말한다. 많은 예언자와 의인이 너희가 지금 보고 있는 것을 보고 싶어 하였으나 보지 못하였고, 너희가 지금 듣고 있는 것을 듣고 싶어 하였으나 듣지 못하였다"(마태복음 13:16-17; 참고. 누가복음 10:23-24). 다시 말해서, 구약성경의 선지자들이 직접 보고 듣기를 갈망했으나 그렇게 하지 못한 것을, 이제 그들의 눈과 귀로 실제로 보고 듣는다는 것이었습니다. 선지자들은 기다림의 시대를 살았고, 제자들은 성취의 시대를 살았던 것입니다.

예수님의 이러한 주장은 매우 중요합니다. 왜냐하면, 전 이슬람 세계를 포함해서 많은 사람들이 예수님을 선지자로 보는 데에는 이의가 없기 때문입니다. 그러나 예수님은 자신을 선지자로 생각하시지도, 그렇게 말씀하신 적도 없습니다. 오히려 그 반대였습니다. 예수님은 기나긴 역사에 기록될 또 한 명의 선지자(혹 최후의 선지자라 할지라도)가 되는 대신 자신이 모든 예언의 성취라고 주장하셨습니다. 구약성경에 나오는 갖가지 예언의 물줄기는 모두 예수님에게서 합해졌습니다. 예수님이 오심으로써, 그리고 그분이 오심과 동시에 새 시대가 열리고 비로소 하나님의 나라가 도래한 것입니다.

친밀성

두 번째로 예수님은 하나님을 '아버지'라 부르고, 자신을 그의 '아들'이라고 하심으로 하나님과의 유일무이한 관계를 주장하셨습니다.

여기서 저는 일부러 '유일무이한'이라는 형용사를 덧붙였는데, 그 이유는 '하나님의 아들'이라는 용어 혹은 칭호가 그 자체로는 의미가 한정적이지 않기 때문입니다. 이 표현은 성경에서 다양한 방식으로 사용됩니다. 천사들도 종종 "하나님의 아들들"이라고 불립니다(예를 들면 욥기 1:6; 2:1). 아담도 마찬가지였습니다(누가복음 3:38). 솔로몬도 그랬고(사무엘하 7:14), 이스라엘 전체도 그랬습니다(출애굽기 4:22; 호세아 11:1). 사실 이 용어는 유대의 모든 기름 부음 받은 왕들, 특히 앞으로 올 다윗 계열의 왕인 메시아를 지칭하게 되었습니다(예를 들면 시편 2:7).

따라서 이 칭호 자체의 의미가 결정적이지는 않습니다. 결국 오늘날 예수님을 따르고자 하는 우리도 하나님의 아들과 딸들인 것입니다. 그러나 예수님이 이 표현을 사용하신 방식은 앞의 용례들과는 구별되는 것이었습니다. 우선 예수님은 정관사를 붙이셔서 하나님을 '그 아버지', 그리고 자신을 '그 아들'이라고 부르셨습니다. 절대적이고 무조건적인, 그 아버지의 유일한 아들(마태복음 11:27)이라는 의미로 사용하신 것입니다. 우리는 자신을 하나님의 여러 아들 혹은 여러 딸 중 하나라고 주장할 수는 있지만 '그' 딸 혹은 '그' 아들이라고 칭하는 것은 상상도 못할 것입니다. 그러나 예수님은 그렇게 하셨고, 그럼으로써 자기 자신과 그 아버지 사이에 유일무이한 상호적 관계가 있음을 암시하셨고, 그러한 관계 때문에 예수님은 "아버지밖에는 아들을 아는 이가 없으며, 아들…밖에는 아버지를 아는 이가 없습니다"(마태복음 11:27)라고 말씀하실 수 있었습니다. 그리고 예수님은 하나님을 '아바'Abba, '나의 아버지'라고 부름으로써 이러한 유일무이한 관계의 친밀성을 표현하셨습니다.

작고한 괴팅겐 대학의 요아킴 예레미아스는 그 표현의 중요성에 대해서 이렇게 쓰고 있습니다.

> 그때까지 팔레스타인의 유대교에서 한 개인이 하나님을 '나의 아버지'라고 칭한 사례는 단 하나도 없었다.…그런데 예수님이 그렇게 하셨다.…가장 놀라운 사실은 예수님이 기도하시며 하나님을 자신의 아버지로 부를 때 '아바'라는 아람어를 사용하셨다는 것이다.…고대 유대교의 문헌이나 기도문 그 어디에도 하나님을 이렇게 '아바'라고 부른 경우는 없다(이 고대 유대교는 그 엄청난 자산에 비해서 연구가 턱없이 부족하다).…그런데 예수님은 기도할 때마다 이 표현을 쓰셨다.…유대인에게 이것은 불경

한 태도이며, 따라서 이렇게 친밀한 단어로 하나님을 부르는 것은 생각지도 못할 일이었다. 예수님이 감히 그러한 통념을 넘어 어린아이가 자기 아버지와 이야기하듯 단순하고 친밀하게 그리고 안정적으로 하나님과 이야기하신 것은 새롭고, 독특하고, 유례가 없는 일이었다.…하나님을 '아바'라고 부른 것은 예수의 실제 음성 *ipsissima vox*, 예수님의 진정한 본래의 발언인 것이다.[1]

물론 우리는 예수님의 자의식을 완전하게 이해할 수는 없습니다. 그리고 예수님이 어떻게 하나님의 부성을 경험하게 되었는지도 알지 못합니다. 그러나 우리가 확실히 알 수 있는 것은, 예수님이 그 어린 열두 살의 나이에 이미 하나님을 아버지라고 생각했고, 따라서 "내가 내 아버지의 집에 있어야 할 줄을 알지 못하셨습니까?"(누가복음 2:49)라고 물을 수 있었다는 점입니다. 우리는 또한 예수님과 아버지의 친밀한 관계가 (십자가에서 하나님께 버림받은 그 끔찍한 순간을 제외하고는) 그분의 전 생애 동안, 심지어 고난을 받는 가운데서도, 그리고 "아버지, 내 영혼을 아버지 손에 맡깁니다"(누가복음 23:46)라는 마지막 말씀을 하시고 돌아가실 때까지 지속되었음을 압니다.

권위

세 번째로, 인류에 대해서 예수님은 그들의 구세주이자 심판자가 될 권위를 주장하셨습니다.

예수님의 가르침 중에서 가장 특이한 (게다가 거의 티가 나지 않아 복음서를 읽는 많은 사람들이 전혀 눈치채지 못하고 넘어가는) 것은 자신을 다른 모든 사람과 분리시키는 것이었습니다. 예를 들어 자신이 잃어버린 양을 찾아 사막으로 나서는 선한 목자라고 주장하심으로, 세상은 길을 잃었으나 자신은 그렇지 않으며 자신만이 세상을 찾아 구원할 수 있다는 사실을 암시하셨습니다.

다시 말해서, 예수님은 그분 혼자만을 도덕적 범주에 놓으셨습니다. 다른 모든 사람은 어둠 속에 있었지만, 예수님은 세상의 빛이셨습니다. 다른 모든 사람은 배가 고팠는데, 예수님은 생명의 떡이셨습니다. 다른 모든 사람은 목이 말랐지만, 예수님은 그들의 갈증을 풀어 줄 수 있다고 하셨습니다. 다른 모든 사람은 죄가 있지만, 예수님은 그들의 죄를 용서할 수 있다고 하셨습니다. 실제로 예수님이 죄를 용서하신 사건이 두 번 있었는데, 매 사건마다 그를 지켜본 사람들은 분개하였습니다. 그들은 이렇게 물었습니다. "이 사람이 어찌하여 이런 말을 한단 말이냐? 하나님을 모독하는구나. 하나님 한 분밖에, 누가 죄를 용서할 수 있는가?"(마가복음 2:5-

7; 참고. 누가복음 7:48-49)

예수님이 회개하는 자를 용서할 권위를 주장하셨다면, 또한 회개하지 않는 자를 심판할 권위도 주장하셨습니다. 예수님의 몇몇 비유들에는 역사의 종말 때에 예수님이 다시 오실 것이 암시되었습니다. 그날에 예수님은 영광스러운 왕좌에 앉으리라고 말씀하셨습니다. 모든 민족이 그분 앞에 설 것이고 예수님은 목자가 양과 염소를 가르듯 그들을 서로 갈라놓을 것입니다. 다시 말해서, 예수님이 그들의 영원한 운명을 결정할 것입니다. 이렇게 예수님은 자신을 심판 날의 핵심 인물로 내세우셨습니다.

이것은 깜짝 놀랄 만한 주장입니다. 예수님의 직업은 목수였습니다. 나사렛은 로마 제국 끄트머리에 있는 궁벽한 마을이었습니다. 팔레스타인에 살지 않는 사람은 나사렛이라는 이름을 들어 볼 수도 없었습니다. 그런데 그곳 출신인 예수님이 자신이 모든 인류의 구세주이자 심판자라고 주장하신 것입니다.

사람들은 예수님의 권위에 놀랐습니다. 예수님 앞에서 그들은 경외감과 신비감을 느꼈습니다. 어떤 사람들은 예수님이 미친 것이 틀림없다고 했습니다. 또 어떤 사람들은 모든 것을 버리고 일어나 그분을 따랐습니다.

이것이 바로 예수님이 주장하신 중요한 세 가지 관계입

니다. 예수님은 구약성경을 성취한 분이셨습니다. 예수님은 하나님 아버지의 아들로서 그분과 유일무이한 친밀성을 누리셨습니다. 인류에 대해서 예수님은 그들의 구세주이자 심판자가 될 권위를 주장하셨습니다. 예수님의 이러한 주장은 세 가지 단어로 요약됩니다. 성취와 친밀성, 그리고 권위. 예수님은 자신이 성경에서 말하는 그리스도요, 하나님의 아들이요, 세상의 구세주이자 심판자라고 주장하셨습니다.

신약성경 학자 휴 마틴은 이렇게 썼습니다. "복음서를 꼼꼼하게 읽고 이것저것 다 따져 본 후 내린 결론은, 예수님이 말씀으로든 행동으로든 사람들의 마음과 삶의 주되심을 끊임없이 주장하셨다는 것이다. 그 사실이 유감스러울 수도 있고 불쾌할 수도 있지만, 부인할 수는 없다. 우리가 가진 모든 기록에 포함된 증거는 명백하다."[2]

그렇다면 우리는 예수님의 주장을 어떻게 받아들여야 합니까? (많은 사람들이 시도는 하지만) 우리가 할 수 없는 것 한 가지는 그 주장들을 무시하는 것입니다. 아무리 그것을 이불 밑에 꾹꾹 눌러둔다 하더라도 언제든 다시 튀어나와 우리를 당황하게 합니다. 예수님의 주장은 복음서 사이사이에 스며 있기 때문에 무시할 수가 없습니다. 우리는 예수님을 상투적인 윤리를 가르치는, 사람 좋고 순진한 선생으로 모셔 놓을 수가 없는 것입니다.

상황은 매우 간단합니다. 예수님의 주장은 참이거나 거짓이거나, 둘 중 하나입니다. 만약 거짓이라면 그것은 의도적인 거짓이거나(이럴 경우 예수님은 거짓말쟁이, 사기꾼이 됩니다), 아니면 본의 아닌 거짓일 수가 있습니다(이럴 경우 예수님은 스스로 착각한 것이 됩니다). 그러나 이 두 가지 경우 모두 가능성은 희박해 보입니다. 예수님은 종교적인 허식이나 위선을 싫어하셨습니다. 예수님은 말과 행동이 일치하는 분이셨기에 그분이 협잡꾼이었다는 것은 믿기가 어렵습니다. 그렇다면 예수님이 자기 자신에 대해 환상을 가졌을 가능성의 경우를 봅시다. 물론 자기 자신이 시바의 여왕이라거나, 율리우스 카이사르, 일본의 천황, 혹은 어떤 거물이라고 생각하는 정신병자들이 있기는 합니다. 그러나 예수님의 경우 이러한 가설과 맞지 않는 한 가지 치명적인 약점이 있습니다. 그것은 바로 착각에 사로잡힌 사람은 자기 자신만 속고 있을 뿐 다른 사람은 속이지 못한다는 사실입니다. 그런 사람들과 단 2-3분만 같이 있어 보면 그들이 현실에서 멀리 떠나 환상의 세계에 살고 있음을 알 수 있습니다. 그러나 예수님은 그렇지 않았습니다. 예수님은 수백만 명의 사람들을 설득하는(혹은 속이는) 데 성공하셨는데, 그것은 예수님이 스스로가 주장하는 바와 일치한다는 매우 타당한 이유 때문이었습니다. 예수님의 성품과 예수님의 주장은 전혀 분리되지 않았습니다.

C. S. 루이스는 이러한 딜레마를 매우 설득력 있게 표현하고 있습니다.

> 인간에 불과한 사람이 예수와 같은 주장을 했다면, 그는 결코 위대한 도덕적 스승이 될 수 없습니다. 그는 정신병자—자신을 삶은 계란이라고 말하는 사람과 수준이 똑같은 정신병자—거나, 아니면 지옥의 악마일 것입니다. 이제 여러분은 선택을 해야 합니다. 이 사람은 하나님의 아들이었고, 지금도 하나님의 아들입니다. 그게 아니라면 미치광이거나 그보다 못한 인간입니다. 당신은 그를 바보로 여겨 입을 틀어막을 수도 있고, 악마로 여겨 침을 뱉고 죽일 수도 있습니다. 아니면 그의 발 앞에 엎드려 하나님이요 주님으로 부를 수도 있습니다. 그러나 위대한 인류의 스승이니 어쩌니 하는 선심성 헛소리에는 편승하지 맙시다. 그는 우리에게 그럴 여지를 주지 않았습니다. 그에게는 그럴 여지를 줄 생각이 처음부터 없었습니다.[3]

이것이 바로 예수님의 역설입니다. 예수님의 주장은 미치광이의 헛소리처럼 들리지만, 그분이 광신자 혹은 신경증 환자라는 징후는 보이지 않으며, 정신병자는 더욱 아닙니다. 오히려 그 반대로 예수님은 가장 균형 잡히고 성실한 인간의 모습으로 복음서에 기록되어 우리 앞에 나타나십니다.

특히 예수님의 겸손을 생각해 보십시오. 예수님의 자기 주장은 우리에겐 매우 거슬리는데 이는 너무나 자기중심적이기 때문입니다. 그러나 예수님의 태도는 겸손 그 자체였습니다. 예수님의 주장은 교만하게 들리지만, 그분 자신은 겸허하셨습니다. 이러한 역설이 가장 두드러지게 나타나는 사건은 예수님이 돌아가시기 전 다락방에서 제자들에게 하신 일이라고 생각합니다. 예수님은 자신이 그들의 주님이요, 선생이며, 심판자라고 말씀하셨지만, 수건을 들고 꿇어앉아 평범한 노예처럼 그들의 발을 씻어 주셨습니다. 이런 일은 세상의 역사에서는 볼 수 없는 일인 것 같습니다. 세상에는 거만한 사람들이 많았고, 이들의 삶은 그저 교만으로 가득 차 있었습니다. 또한 겸손한 사람도 있었는데, 이들은 자기 자신에 대해 대단한 주장을 하지 않았습니다. 참으로 놀라운 것은 바로 이 자기중심성과 겸손의 결합, 즉 예수님의 가르침에 나타나는 자기중심성과 예수님의 태도에서 나타나는 겸손의 결합입니다.

제가 왜 그리스도인이 되었을까요? 지적으로 말한다면, 바로 예수 그리스도의 역설 때문입니다. 자기 제자들의 주님이라고 주장하신 분이 자신을 낮춰 그들의 종이 되었기 때문입니다.

그러나 우리가 아직 죄인이었을 때에,

그리스도께서 우리를 위하여 죽으셨습니다.

이리하여 하나님께서는 우리들에 대한

자기의 사랑을 실증하셨습니다.

_로마서 5:8

3장

그리스도의 십자가

예수님의 주장은 단지 자신이 누구였느냐에 관한 것만이 아니라, 무엇을 하러 이 세상에 왔느냐에 관한 것이기도 합니다. 그 주장은 그분의 인격만이 아니라 그분의 사명, 그분의 삶뿐만 아니라 그분의 죽음과도 연관이 있습니다.

기독교를 처음 연구하는 사람이라면 누구나, 예수님을 따르는 사람들이 그분의 죽음을 특히 강조하는 현상에 놀랄 것입니다. 다른 위대한 영적 지도자들의 경우, 사람들은 그들의 죽음을 그들 삶의 이력의 끝으로 여겨 애도합니다. 그들의 죽음은 그 자체로는 전혀 중요하지 않으며, 중요한 것은 그들의 생애와 가르침, 그리고 그들의 모범적 삶이 주는 영감입니다.

그러나 예수님의 경우는 오히려 그 반대입니다. 예수님의 가르침과 그분이 보여 주신 모범은 참으로 비길 데 없었지만, 제자들은 처음부터 예수님의 죽음을 강조했습니다. 예수님의 가장 뛰어난 제자였던 바울, 베드로, 요한의 예를 살펴봅시다.

바울 "나는 여러분 가운데서 예수 그리스도 곧 십자가에 달리신 그분밖에는, 아무것도 알지 않기로 작정하였습니다"(고린도전서 2:2).

베드로 "그리스도께서도 죄를 사하시려고 단 한 번 죽으셨습니다. 곧 의인이 불의한 사람을 위하여 죽으신 것입니다"(베드로전서 3:18).

요한 "사랑은 이 사실에 있으니, 곧 우리가 하나님을 사랑한 것이 아니라, 하나님이 우리를 사랑하셔서, 자기 아들을 보내어 우리의 죄를 위하여 화목제물이 되게 하신 것입니다"(요한일서 4:10).

게다가 복음서를 기록할 때 네 명의 복음서 저자들은 예수님의 생애 중 마지막 일주일에 과도하게 많은 지면을 할애했습니다. 누가의 경우는 4분의 1을, 마태와 마가는 3분의 1을 그리고 요한은 거의 절반을 할애하였습니다.

사도들이 이렇게 강조한 이유는 그들이 예수님의 마음으로 그분의 삶을 보았기 때문입니다. 이러한 사실은 예수님을 역사상의 다른 종교 지도자들과 구분해 줍니다. 그들은 살

만큼 살다가 성공적으로 자기 사명을 완수하고 자연사했습니다. 마호메트는 62세에, 공자는 72세에, 부처는 80세에, 그리고 모세는 120세에 죽었습니다. 그러나 예수님은 30대 초반에 자기 백성에게 버림받은 사실상의 패배자로, 그러나 자신은 죽음으로써 사명을 완수한다고 주장하면서 십자가에서 처참하게 돌아가셨습니다. 실제로 지상에서의 마지막 며칠 동안에도 예수님은 여전히 사역의 완성을 기대하셨습니다.

그렇다면 예수님은 죽음이 자기 삶의 핵심이라고 이해하셨음이 분명합니다. 세 번에 걸친 엄숙한 상황 가운데 예수님은 자신의 죽음을 예언하시며 "인자가 반드시 많은 고난을 받고…죽임을 당하고 나서…"(마가복음 8:31; 참고. 9:31; 10:32-34)라고 말씀하셨습니다. 예수님은 죽음을 통해 자신의 사명이 완수된다고 보았으며, 따라서 죽음은 불가피하다고 인식하셨습니다. 예수님은 그 일이 반드시 일어나야 한다고 말씀하셨습니다. 예수님은 또한 그 죽음의 '때'를 위해 자신이 이 세상에 왔다고 하셨습니다. 처음에는 이 '때'가 계속 늦추어졌으나, 드디어 예수님이 "때가 왔다"(요한복음 12:23-24)고 말씀하셨습니다. 그리고 결국 그 목요일 저녁, 열두 제자와 저녁을 드시며 예수님은 일부러 자신의 추모 예배를 준비하셨습니다. 제자들은 자신들을 위해 내어 주신 예수님의 몸을 기억하며 떡을 들어서 떼어 먹어야 했으며, 자신들을 위해 쏟으신 예수님의 피를 기억하며 포도주를 마셔야 했습니다. 떼어진 떡과 부어진 포도주, 이 두 가지 요소에서 우리는 죽음을 발견합니다. 그리고 이것보다 더 극적인 상징은 없을 것입니다. 이렇게 예수님은 자신이 어떻게 기억되기 원하는지를 분명하게 밝히셨습니다. 바로 그분의 죽음을 기억하라는 것이었습니다.

따라서 교회가 기독교의 상징으로 십자가를 택한 것은 옳은 일이었습니다. 교회는 (성육신의 상징으로) 아기 예수님이 누우셨던 구유를 택할 수도 있었고, (육체노동의 존엄성을 강조하는) 목수의 의자를 택할 수도 있었으며, (겸손한 섬김의 상징으로) 예수님이 서서 사람들을 가르치셨던 배를 택하거나 제자들의 발을 씻기고 닦으셨던 수건을 택할 수도 있었으며 또한 예수님이 부활하신 무덤을, (예수님의 주권을 의미하는) 현재 예수님이 앉아 계신 왕좌를, (성령의 상징인) 비둘기나 불을 택할 수도 있었습니다. 이들 중 어떤 것이라도 기독교 신앙의 적절한 상징이 될 수 있었습니다. 그러나 교회는 그 모든 것을 다 제쳐 놓고 예수님의 죽음의 필연성과 중심성을 상징하는 십자가를 택했습니다.

그래서 우리는 어디서나 십자가를 보게 됩니다. 많은 교회들이 세례를 받을 교인들에게 십자가 표시로 성호를 긋습니다. 그리고 우리가 죽은 후에 묻히게 될 때, 우리 가족이나 친구들은 아마도 십자가가 새겨진 비석을 우리 무덤 위에 세워 줄 것입니다. 중세 때 지은 유럽의 유명한 교회들은 일부러 십자가 모양의 평면도를 바탕으로 해서 지어졌는데, 회중석과 건물의 양 날개는 거대한 십자가를 이루었습니다. 그리고 많은 교인들이 십자가를 달고 다니며 그리스도인의 정체성을 드러내고 싶어합니다. 여성들은 주로 목걸이에 달거나 펜던트로, 남성들은 양복 옷깃에 답니다. 이렇게 하면 실제로 그리스도께 헌신하고자 하는 도전이 됩니다. 맬컴 머거리지가 바로 이와 같은 것을 느꼈습니다.

[그는 만년에 기록하기를] 꼭 십자가는 아니라 하더라도, 십자형 같은 것, 예를 들어 전신주처럼 우연히 두 개의 나무가 엇갈려 못질되어 있는 것을 흘끗 보기만 해도 심장이 멎는 것 같았다. 본능적으로 그리고 직관적으로, 나는 우리의 선의가 아무리 감탄할 만한 것이라 하더라도 그것보다 더 중요하고, 더 거칠고, 격렬한 어떤 것이 여전히 문제가 된다는 것을 깨달았다.…그것은 집착과도 같은 관심이었다.…나는 직접 나무 조각들을 묶어 보기도 하고 낙서하듯 그려 보기도 했다. 우리 집에서는 웃음거리밖에 되지 않았던 이 상징은 상상조차 어려운 소망과 욕망의 초점이기도 했다.…이 일들을 기억해 내고 나니 패배감이 무겁게 나를 짓누른다. 내 가슴 위에 걸고 다녔어야 했다. 내 손아귀

에서 결코 빼앗기면 안 될 소중한 잣대로 들고 다녔어야 했다. 비록 내가 넘어지더라도 여전히 높은 곳에 지니고 있었어야 했다. 그것은 내 숭배의 대상, 내 제복, 내 언어, 내 생명이어야 했다. 나는 핑계를 댈 수가 없다. 몰랐다고 말할 수가 없다. 처음부터 알고도 등을 돌렸기 때문이다.[1]

그레코로만 문화에서는 십자가가 수치의 표상이었기 때문에 십자가를 기독교 최고의 상징으로 택한 것은 매우 놀라운 일이었습니다. 로마인들은 고통스럽고 굴욕적인 십자가형의 죽음을 가장 흉악한 범죄자와 가장 위협적인 역적들에게 구형했습니다. 역사상 십자가형을 받은 로마 시민은 단 한 사람도 없었습니다. 키케로는 십자가형을 "가장 잔인하고 역겨운 형벌"이라고 비난했습니다.[2] 그리고 원로원의 한 중년 의원을 변호하며 했던 유명한 연설에서 "'십자가'라는 단어 자체가 각 로마 시민에게서뿐만 아니라 그의 생각과 눈과 귀에서도 완전히 사라져야 한다"고 주장했습니다.[3]

그렇다면 기독교는 왜 십자가를 끊임없이 강조하는 것일까요? 왜 그리스도가 죽으신 것일까요? 많은 사람들이 이 질문에 아무 어려움 없이 대답합니다. 그들은 예수님이 체제 전복적인 교리를 가르쳤기 때문에 죽었다고 말합니다. 그는 당대 사람들의 편견을 뒤흔드는 혁명적 사상가였기 때문에 사람들이 그를 없앨 수밖에 없었다는 것입니다. 그는 소심한 사람들에게 희생당한 자로, 자신의 위대함에 투신한 순교자로 죽었다는 것입니다.

이 순교자 이론은 그 나름대로 일리가 있습니다만, 충분하지는 않습니다. 이 이론은 (성경에서 분명하게 볼 수 있듯이) 예수님이 자발적으로 십자가를 지셨다는 사실을 간과합니다. 예수님은 이렇게 말씀하셨습니다. "나는 선한 목자이다. 선한 목자는 양들을 위하여 자기 목숨을 버린다.…아무도 내게서 내 목숨을 빼앗아 가지 못한다. 나는 스스로 원해서 내 목숨을 버린다. 나는 목숨을 버릴 권세도 있고, 다시 얻을 권세도 있다"(요한복음 10:11, 18).

그런데 왜 예수님은 자발적이고 의도적으로 십자가를 지셨을까요? 왜 예수님은 우리를 위하여 자신의 목숨을 내어주셨을까요? 몇 가지 이유들이 있는데, 십자가는 한 가지로 설명하기에는 너무나 의미가 풍부한 사건이기 때문입니다. 그중에서 저는 성경에서 제시하는 세 가지 주된 이유를 선택하려고 합니다.

첫째, 그리스도는 우리 죄를 속하기 위해 죽으셨습니다.
둘째, 그리스도는 하나님의 성품을 드러내기 위해 죽으셨습니다.
셋째, 그리스도는 악의 세력을 정복하기 위해 죽으셨습니다.

각각의 설명을 한 단어로 표현한다면, 그리스도의 죽음은 속죄이며, 계시이며, 정복이었습니다. 즉 죄에 대한 속죄, 하나님의 계시, 악의 정복입니다.

우리 죄를 속하기 위해 죽으신 그리스도

그리스도의 십자가는 하나님이 죄를 용서하실 수 있는 유일한 기초입니다.

하지만 성미 급한 비판가는 '왜 우리가 용서받는 것이 그리스도의 죽음에 달려 있단 말인가? 왜 하나님은 십자가를 내세울 필요 없이 그저 우리 죄를 용서하시지 않는가?'라고 즉각 반문할 것입니다. 하인리히 하이네는 이렇게 주장했습니다. "하나님은 나를 용서하실 것이다. 그분은 그 일에 전문 *métier*이시다."[4] 비판가는 이어서 이렇게 말할 것입니다. '어쨌거나 우리는 서로에게 죄를 지었으면 서로 용서하라는 요구를 받는다. 그런데 왜 하나님은 가르치는 바를 실천하지 않으시는가? 왜 하나님은, 우리가 자비롭기를 바라면서 자신은 그렇지 못하단 말인가?'

이 질문에는 두 가지 대답을 할 수 있습니다. 첫 번째 대답은 11세기 말, 캔터베리의 대주교였던 안셀무스가 이미 했던 것입니다. 그는 자신의 탁월한 저서 『인간이 되신 하나님』에서 이렇게 썼습니다. "당신은 아직 죄의 심각성에 대해 깊이 생각해 보지 않았다."⁵ 두 번째 대답은 이렇게 표현할 수 있겠습니다. "당신은 아직 하나님의 위엄에 대해 깊이 생각해 보지 않았다." 우리가 서로를 용서하는 것에서 하나님이 우리를 용서하시는 것을 유추하는 것은 매우 피상적입니다. 우리는 신이 아닌 한낱 인간에 불과하지만, 하나님은 하늘과 땅을 만드신 분이고 우리가 어기는 바로 그 율법을 창조하신 분입니다. 우리의 죄는 단순한 개인적 위법 행위가 아니라 하나님을 의지적으로 반역하는 행위입니다. 우리가 죄의 심각성과 하나님의 위엄을 깨닫기 시작할 때 우리의 질문은 달라지게 됩니다. 우리는 더 이상 왜 하나님이 죄를 용서하시는 것이 그토록 어려운지 묻지 않고, 어떻게 하나님이 우리 죄를 용서해 주실 수 있는지 묻습니다. 어느 작가는 이렇게 썼습니다. "용서란, 인간에게는 가장 명백한 의무지만, 하나님에게는 가장 심각한 문제다."⁶

왜 용서가 하나님에게는 '문제'라고 묘사되는 것일까요? 그것은 하나님 존재의 가장 깊숙한 본질 때문에 그렇습니다. 물론 하나님은 사랑이십니다(요한일서 4:8, 16). 그러나 하나님의 사랑은 감상적인 사랑이 아닙니다. 그것은 거룩한 사랑입니다. 그렇다면 하나님은 어떻게 그 사랑을 부인하지 않으면서도 죄를 처벌하실 수 있을까요? (하나님은 정의롭기 때문에 처벌하셔야 합니다.) 다르게 표현하면, 하나님은 어떻게 정의와 타협하지 않으면서 죄를 용서하실 수 있을까요? (하나님은 사랑이시기 때문에 용서하기를 간절히 원하십니다.) 인간의 악에 직면한 하나님은 어떻게 자신의 거룩한 사랑을 지키실 수 있을까요? 어떻게 하나님은 그 거룩함과 사랑을 동시에 보여주실 수 있을까요?

이것이 바로 하나님이 십자가에서 해결하신 신적 딜레마입니다. 왜냐하면 십자가에서 예수님이 죽으셨을 때, 그리스도 안에 계신 하나님 자신이 우리가 받아야 할 심판을 직접 받으셨기 때문입니다. 우리로서는 그런 용서를 받을 자격이 전혀 없는데도 말입니다. 죄에 대한 모든 대가가 치러졌습니다. 그러나 그것은 우리가 아니라 그리스도 안에 계신 하나님이 치르신 것입니다. 십자가 위에서 거룩한 사랑과 정의가 화해하게 된 것입니다.

이 모든 놀라운 진리는, 성경에서 자주 반복되는 "그리스도가 우리 죄를 위해 죽으셨다"라는 단순한 말씀 안에 요약되어 있습니다. 성경의 모든 부분에서 죄와 죽음은 언제나 같이 언급되며 서로 교착되어 있다고 해도 과언이 아닙니다. 창세기 2장(17절)부터 요한계시록 21장(8절)에 이르기까지 "죄의 삯은 죽음"(로마서 6:23)이라는, 즉 죄의 삯이 우리를 하나님에게서 분리시킨다는 진리가 거듭 강조되고 있습니다. 일반적으로 죄와 죽음은 모두 우리에게 해당됩니다. 우리가 죄를 짓고, 우리가 죽습니다. 그러나 사도들이 십자가에 대해서 기록할 때는, 우리 죄를 위하여 그리스도가 죽었다는 놀라운 진술을 합니다. 이 말은 우리가 죄를 지었지만 죄의 대가인 죽음(혹은 하나님으로부터 소외되는 것)은 그리스도의 것이 되었다는 뜻입니다. 이것이 바로 '대속적' 속죄의 의미입니다. 그리스도가 우리의 자리를 취하셔서, 우리의 죄를 지시고, 우리가 치러야 할 대가를 치르시고, 우리 대신 죽으셨습니다. 그리고 그리스도가 어떻게 우리 대신 죽으셨냐고 묻는다면, 우리는 다만 그리스도가 하나님께 버림받은 그 어둠의 세 시간을 가리킬 수 있을 뿐입니다. 그때 그리스도는 우리가 그러한 고통을 당하지 않도록, 우리를 대신해서 지옥의 황폐함을 겪으셨던 것입니다.

하나님의 성품을 드러내기 위해 죽으신 그리스도

또한 그리스도는 하나님의 성품을 드러내기 위해 죽으셨습니다. 우리 인간이 행동을 통해 자신의 성품을 드러내듯, 하나님도 그렇게 하십니다. 하나님은 아들을 내어 주시고 우리 대신 죽게 하심으로 탁월하게 자신의 모습을 보여 주셨습니다.

로마인들에게 쓴 위대한 편지에서 바울은, 십자가에서 나타나고 입증된 하나님의 정의와 사랑이라는 성품에 대해서

두 번이나 언급했습니다. 우리가 이 두 본문을 따로 살펴보기 전에 먼저 나란히 놓고 보는 것이 도움이 될 것입니다.

> 하나님께서는 이 예수를 속죄 제물로 내주셨습니다. 그것은 그의 피를 믿을 때에 유효합니다. 하나님께서 이렇게 하신 것은, 사람들이 이제까지 지은 죄를 너그럽게 보아 주심으로써 자기의 의를 나타내시려는 것이었습니다. 하나님께서 오래 참으시다가 지금 이때에 자기의 의로우심을 나타내신 것은, 하나님은 의로우신 분이시라는 것과 예수를 믿는 사람은 누구나 의롭다고 하신다는 것을 보여 주시려는 것입니다(로마서 3:25-26).

> 그러나 우리가 아직 죄인이었을 때에, 그리스도께서 우리를 위하여 죽으셨습니다. 이리하여 하나님께서는 우리들에 대한 자기의 사랑을 실증하셨습니다(로마서 5:8).

이 두 본문에서 바울은 예수 그리스도의 죽음 안에서, 그리고 그 죽음을 통하여 하나님이 자신의 정의와 사랑을 분명하고도 공개적으로 증명하셨다고 선언합니다.

먼저 하나님의 정의를 살펴보겠습니다. 도덕적 감수성이 있는 사람들은 언제나 하나님의 섭리가 정의롭지 않게 보인다는 사실 때문에 당혹스러워했습니다. 이것은 성경 지혜서에서 자주 반복되는 주제 중 하나이며, 욥기 전체를 총괄하는 주제입니다. 왜 악한 자가 번창하며, 왜 무고한 자가 고난받는가? 여기서 '신정론'에 대한 필요, 즉 하나님의 정의를 입증하고, 불공정하게 보이는 하나님의 방식을 인류에게 정당화시켜야 할 필요가 생깁니다.

성경은 이러한 필요에 대해 두 가지 방식으로 대답합니다. 우선 성경은 모든 잘못을 바로잡게 될 미래의 최후 심판을 제시하고 또 다른 한편으로는 십자가에서 일어난 결정적인 심판을 돌아보게 합니다. 바로 그 십자가에서 하나님 자신이 그리스도 안에서 우리 죄의 대가를 치르셨기 때문입니다. 따라서 그 전에 하나님이 악에 대해 조치를 취하지 않으신 이유는 도덕적 무관심 때문이 아니라, 그리스도가 오셔서 자신의 죽음으로 그 문제를 다루실 때까지 참고 기다리신 것입니다. 이제는 아무도 하나님이 악을 묵과하시고 불공정을 묵과하는 분이라고 비난할 수 없습니다.

그렇다면 하나님의 사랑은 어떻습니까? 하나님의 사랑에 반대되는 증거가 이토록 많은데, 어떻게 우리가 하나님의 사랑을 믿을 수 있을까요? 저는 지금 개인적으로 겪는 비극적 사건들과 자연 재해, 세계적으로 확산된 가난과 굶주림, 독재와 고문, 질병과 죽음을 염두에 두고 이야기하는 것입니다. 인간이 겪는 이 모든 총체적 불행이 어떻게 사랑의 하나님이라는 분과 화합할 수 있을까요?

기독교는 이러한 고통에 찬 질문에 대해 그럴듯한 대답을 제시하지 않습니다. 그러나 하나님의 사랑에 대한 증거, 즉 하나님의 사랑을 부인하는 듯 보이는 증거들만큼이나 역사적이고 객관적인 증거를 제시해 줍니다. 즉 십자가입니다. 십자가는 재난을 설명해 주지는 않지만, 그것을 바라보고 견딜 수 있는 좋은 위치를 마련해 줍니다.

이것을 이해하기 위해서는 로마서 5:8에 나오는 하나님의 사랑에 대한 실증을 다시 한번 살펴볼 필요가 있습니다. "그러나 우리가 아직 죄인이었을 때에, 그리스도께서 우리를 위하여 죽으셨습니다." 이것은 '우리를 향한 하나님 자신의 사랑'에 대한 증거입니다. 이 증거는 유일무이한데, 이 같은 사랑이 이 세상에는 없기 때문입니다. 이 증거는 세 부분으로 이루어져 있으며, 그것이 한데 모여 설득력 있는 논거를 구성합니다.

첫째, 하나님은 우리를 위해 자신의 아들을 주셨습니다. 물론 로마서 5:8에서 바울은 단순히 "그리스도께서" 우리를 위해 죽으셨다고 주장합니다. 그러나 그 맥락을 보면 이 그리스도, 즉 메시아가 누구인지 알게 됩니다. 10절에 의하면, 그리스도의 죽음은 "하나님의 아들의 죽으심"입니다. 따라서 하나님은 그리스도를 보내실 때 다른 어떤 피조물, 제3자를 보내지 않으셨습니다. 하나님은 바로 자신의 아들을 보내심으로써 자신을 우리에게 주신 것입니다.

둘째, 하나님은 우리를 위해 죽도록 자신의 아들을 주셨습니다. 하나님이 아들을 주심으로써 자신을 주시고 우리를 위해 인간이 되셨다는 사실은 그 자체만으로도 놀라운 일입니다. 그러나 하나님은 더 나아가 "십자가에 죽기까지"(빌립보서 2:7-8) 하셨고 십자가형의 고통을 당하시고, 죄를 지고 하나님께 버림받는 끔찍한 일을 당하셨습니다. 이러한 경험이 주는 끔찍한 고통을 우리는 상상조차 할 수 없습니다.

셋째, 하나님은 우리를 위해 죽도록 아들을 주셨습니다. 이 '우리'는 바울이 '죄인', '경건하지 않은 사람', '원수', '약한 자'라고 묘사한 사람들입니다(로마서 5:6-10). 바울은 이어서 말합니다. '의인'(이 사람의 의는 차갑고, 엄격하고, 가까이하기 어렵습니다)을 위해서 죽을 사람은 매우 드물고, 혹 '선한 사람'(이 사람의 선은 따뜻하고, 친절하고, 매력적입니다)을 위해서 감히 죽을 사람이 있을 수도 있습니다. 그러나 하나님은 우리처럼 죄 많고, 하나님을 공경하지도 않고, 완고하고, 무력한 사람들을 위해 죽으심으로 자신의 유일무이한 사랑을 증명하셨습니다.

사랑의 선물이 가지는 가치는 그것을 주는 사람이 비용을 얼마나 치렀는가와, 받는 자가 얼마나 그 선물에 합당한가의 두 가지 측면에서 평가됩니다. 사랑에 빠진 청년은 사랑하는 사람에게 비싼 선물을 줄 텐데, 그 사람이 그런 선물을 받을 만하다고 생각하기 때문입니다. 그러나 하나님이 자신의 아들을 주실 때는 자신의 적을 위해 죽도록 자기 자신을 내어 주신 것입니다. 하나님은 아무것도 받을 자격이 없는 사람들을 위해 모든 것을 주셨습니다. 이것이 우리를 향한 하나님 사랑의 증거입니다. 따라서 예수 그리스도의 대속적 죽음이 우리에게 주는 것은 고통의 문제에 대한 해결이 아니라, 하나님의 정의와 사랑에 대한 확실하고도 견고한 증거입니다. 이것을 통해서 우리는 살고 사랑하며, 섬기고, 고난받고, 죽는 것을 배울 수 있는 것입니다.

악의 세력을 정복하기 위해 죽으신 그리스도

그리스도가 우리의 죄를 속하고 하나님의 성품을 드러내기 위해 죽으셨다면, 그분은 또한 악의 세력을 정복하기 위해서도 죽으셨습니다. 실제로 우리는 신약성경을 읽을 때 곳곳에 스며 있는 기쁨에 찬 확신을 보며 깊은 인상을 받지 않을 수 없습니다. 그러한 분위기는 오늘날 다소 무미건조한 종교로 여겨지는 기독교의 모습과는 대조적입니다. 초기 그리스도인들에게는 패배주의가 없었습니다. 그들은 오히려 승리에 대해서 말했습니다. 예를 들어 봅시다. "우리 주 예수 그리스도를 통하여 우리에게 승리를 주시는 하나님께 우리는 감사를 드립니다"(고린도전서 15:57), "이 모든 일[즉, 역경과 위험]에서…이기고도 남습니다"(로마서 8:37).

승리, 정복, 성공, 극복. 이런 말들은 처음 예수님을 따르던 사람들이 썼던 말입니다. 그들은 이 승리를 십자가의 업적으로 돌렸습니다.

그러나 그 당시 그리스도가 죽는 모습을 실제로 본 사람이라면 누구나, 십자가에서 죽으신 예수가 정복자라는 말에 깜짝 놀라며 못미더워할 것입니다. '그는 자기 백성에게 버림받고, 자기 제자들에게도 배신과 배척을 당하고 버림받고, 로마 총독의 권위하에 처형당하지 않았던가? 저기, 사지가 벌려진 채 십자가에 꽂혀 있는 그를 보라. 꼼짝도 못하게 못과 끈으로 묶여 무력하게 달려 있지 않은가? 그것은 오히려 철저한 패배처럼 보인다. 만약 승리가 있다면, 그것은 교만과 편견, 질투, 증오, 비겁함 그리고 난폭함의 승리일 뿐이다.'

그러나 기독교는 눈에 보이는 모습과는 정반대의 것을 실재라고 주장합니다. 선이 악에 패한 것처럼 보였지만 (그리고 어떤 의미에서는 실제이기도 했지만) 사실 좀더 확실하게는 악이 선에 패한 것이었습니다. 악에 정복당하면서 예수님은 오히려 악을 정복하셨습니다. 로마의 무자비한 권력에 짓밟히면서 동시에 예수님은 (창세기 3:15에 예언된 대로) 뱀의 머리를 짓밟으셨습니다. 그 희생자가 곧 승리자였으며, 지금도 예수님은 십자가라는 왕좌에서 세상을 다스리고 계십니다.

사도 바울은 어떻게 악의 세력이 십자가에서 예수님을 에워싸고 압박했는지, 어떻게 예수님이 그것을 물리치시며, 무장 해제시키고, 십자가로 승리하시며 그들을 공개적인 볼거리로 만드셨는지 생생한 비유로 묘사합니다(골로새서 2:15). 그는 이 우주적 전쟁이 정확하게 어떤 형태로 일어났는지는 설명하지 않습니다. 그러나 우리는 예수님이 십자가를 피하고픈 유혹을 물리치고 대신 십자가의 길에 순종하셨음을 압니다. 모욕과 고문을 당하실 때도 예수님은 보복하기를 완강하게 거부하심으로써 선으로 악을 이기셨습니다(로마서 12:21). 그리고 예루살렘과 로마의 연합 세력이 예수님께 대항했을 때에도 예수님은 세상적인 권력을 사용하지 않으셨습니다. 이렇게 예수님은 하나님께 불순종하지도, 자신의 적을 미워하거나 세상이 권력을 쓰는 방식을 따르지도 않으셨습니다. 예수님은 순종과 사랑, 온유함으로 어둠의 세력에 대해 결정적인 도덕적 승리를 거두신 것입니다. 예수님은 결국 자유로워지셨고, 오염되지도 타협하지도 않은 분이 되셨습니다. 이것이 예수님의 승리였습니다. 악마는 예수님께 결코 손을 댈 수 없었고, 패배를 인정할 수밖에 없었습니다.

따라서 우리는 십자가는 패배이고 부활은 승리라고 여겨서는 안 됩니다. 오히려 십자가가 승리의 쟁취이며, 부활은 승리의 확인이요, 선포요, 증거인 것입니다.

고대 그리스 교부들과 후대의 로마 가톨릭 교부들이 찬양했던 이 십자가를 통한 승리라는 주제는 일부 중세 신학자들에 의해 소실되었으나, 종교개혁 때 마르틴 루터를 통해 회복되었습니다. 이것이 바로 스웨덴 신학자 구스타프 아울렌이 자신의 영향력 있는 책 『승리자 그리스도』에서 다룬 논제였습니다. 교회가 외면해 온 이 주제를 상기시켜 준 것은 좋은 일입니다. 그러나 우리는 승리의 주제를 지나치게 강조한 나머지 속죄와 계시의 주제는 잊어버리는, 그 반대의 실수를 해서는 안 되겠습니다. 십자가를 균형 있게 이해한다면 우리는 언제나 그리스도를 (우리 죄를 속한) 구세주, (하나님의 성품을 드러낸) 스승, (악의 세력을 이겨 낸) 승리자로 고백하게 됩니다.

저는 왜 그리스도인일까요? 한 가지 이유는 그리스도의 십자가 때문입니다. 정말로 십자가가 아니었다면 저는 결코 하나님을 믿을 수 없었을 것입니다. 하나님에게 신빙성을 주는 것은 바로 십자가입니다. 제가 믿는 하나님은 니체(19세기의 독일 철학자)가 "십자가 위의 하나님"이라고 비웃은 그 하나님밖에 없습니다. 고통이 존재하는 실제 세계에서 어떻게 그 고통과 아무 상관이 없는 하나님을 경배할 수 있단 말입니까?

저는 여행을 다니면서 여러 아시아 국가에 있는 불교 사원 몇 군데에 들어가 보았습니다. 가부좌를 틀고 팔짱을 낀 채 감은 눈, 입가에 희미하게 머금은 잔잔하고도 고요한 미소, 세상의 고뇌와 분리된 채 관조하는 듯한 표정을 하고 있는 불상 앞에 존경의 마음을 가지고 서 보았습니다. 그러나 저는 매번, 잠시 서 있다 등을 돌릴 수밖에 없었습니다. 내 마음은 불상 대신에 십자가 위에 있는 외롭고, 뒤틀리고, 고문당하는 그분을 향해 가고 있었습니다. 손과 발에 못이 박히고, 등은 찢어지고, 사지가 뒤틀리고, 이마는 가시에 찔려 피가 흐르고, 입은 바짝 마른 채 목이 타고, 하나님께 버림받아 어둠 속에 던져진 그분에게로 말입니다.

십자가에 달리신 그분이 나의 하나님입니다! 그분은 고통을 외면하지 않고, 살과 피, 눈물과 죽음이 있는 우리들의 세상으로 들어오셨습니다. 그분은 우리가 용서받도록 우리를 대신해 죽으시면서 고통을 당하셨습니다. 예수님의 고통에 비추어 볼 때 우리는 좀더 쉽게 우리의 고통을 견디게 됩니다. 인간의 고통은 여전히 물음표로 남아 있지만, 우리는 그 위에 하나님의 고통의 상징인 십자가라는 또 하나의 부호를 담대하게 찍습니다.

"그리스도의 십자가는…이러한 세상에서 하나님의 유일한 자기 정당화입니다."[7] 바로 오늘날과 같은 세상 말입니다.

하나님이 당신의 형상대로 사람을 창조하셨으니,

곧 하나님의 형상대로 사람을 창조하셨다.

하나님이 그들을 남자와 여자로 창조하셨다.

_창세기 1:27

4장
역설적인 인간성

제가 그리스도인인 이유는 무엇일까요? 그것은 기독교가 단지 예수님이 누구인지, 예수님이 십자가에서 성취하신 것이 무엇인지를 설명해 주기 때문만이 아니라, 내가 누구인지도 설명해 주기 때문입니다. 성경에는 "사람이 무엇이기에?"라는 질문이 두 번(시편 8:4; 욥기 7:17) 나오고 그 질문에 대한 대답도 어느 정도 나옵니다. 이 질문은, '인간이 된다는 것의 의미는 무엇인가? 우리 인간성의 본질은 무엇인가?' 하는 것입니다.

이 질문은 세 가지 이유에서 매우 중요한데, 바로 개인적, 정치적, 그리고 직업적 이유입니다.

첫째, 개인적인 이유부터 살펴봅시다. '인간이란 무엇인가?'라고 묻는 것은 '나는 누구인가?'라는 물음을 다르게 표현한 것에 불과합니다. 이 질문은 고대 그리스식 표현인 '너 자신을 알라'와 자신의 정체성을 추구하는 현대인의 모습 둘

다에 대답하게 해 줍니다. 이 분야만큼 연구하고 조사해야 할 중요한 분야는 없습니다. 우리 자신을 발견하기 전에는 다른 어떤 것도 쉽게 발견할 수 없습니다.

19세기의 염세적인 독일 철학자였던 아르투어 쇼펜하우어에 대한 일화가 있습니다. 그가 프랑크푸르트 공원 벤치에 앉아 있을 때였습니다. 공원 관리인이 (서구의 철학자들이 간혹 그렇듯!) 초라한 행색에 헝클어진 머리를 한 그를 노숙자로 오해하고 퉁명스럽게 물었습니다. "당신 누구요?" 그러자 그 철학자는 씁쓸하게 대답했습니다. "나도 그걸 알았으면 좋겠소."

더글러스 커플랜드도 오늘날 같은 질문을 합니다. 커플랜드는 이제는 매우 대중적이 된 'X세대'라는 용어를 만들어 낸 사람입니다. 여기서 'X'는 자기 세대의 알 수 없는 정체성을 의미합니다. 그는 "그들은 이름이 없다. 그들은 'X'세대이다"라고 기록하면서, 그렇다면 "무엇이 인간을 인간답게 하는가?"라고 묻습니다. "개가 어떤 행동을 하는지 우리는 안다. 개들은 개 같은 행동을 한다. 나뭇가지를 쫓아가고…달리는 차창 밖으로 고개를 내민다." 이렇게 우리는 개의 개다움이 무엇인지를 압니다. 하지만 그는 이렇게 묻습니다. "특별히 인간답다고 할 수 있는 인간들의 행동은 무엇인가?"[1] 다시 말하면, "당신을 당신답게 하는 것은 무엇인가?", 즉 진

짜 당신은 누구인가 하는 질문입니다.[2]

이 질문에 주어진 답은 많은데, 특히 인간의 우월성을 어디서 발견할 수 있는가 하는 질문에 대한 답이 많습니다. 그러한 답들을 몇 가지 살펴보는 일도 재미있습니다. 아리스토텔레스는 인간을 정치적 동물이라고 했고, 토머스 윌리스는 웃는 동물이라고 했으며, 벤자민 프랭클린은 도구를 만드는 동물이라고 했고, 에드먼드 버크는 종교적 동물이라고 했으며, (미식가) 제임스 보즈웰은 요리하는 동물이라고 했습니다.

또 어떤 작가들은 인간을 다른 존재와 구별하는 특성으로서 몇 가지 신체적 특징에 초점을 맞추었습니다. 플라톤은 우리가 직립 자세를 취하고 있다는 사실을 특히 강조하여, 동물은 내려다보지만 오직 인간만이 하늘을 올려다본다고 하였습니다. 아리스토텔레스는 오직 인간만이 귀를 움직일 수 없다는 특성도 덧붙였습니다. 반면에 스튜어트 왕가의 한 의사는 "구불구불하게 에워싸는, 굽이지고 굴곡진" 인간의 장(腸)에 깊은 감명을 받았습니다. 그러다가 18세기 말에 유브데일 프라이스는 인간의 코에 이목을 집중하였습니다. "내가 생각하기에 인간은 얼굴 한가운데 두드러진 돌출이 있는 유일한 동물이다"[3]라고 그는 기록했습니다.

그러나 이렇게 우리의 차별성을 묘사한 것 중에서 인간이란 존재를 완전하게 제시해 주는 것은 하나도 없으며, 문제의 본질에도 다가가지 못하고 있습니다.

이제는 우리의 인간성에 대한 질문 중 개인적 중요성에서 벗어나 정치적 중요성을 한번 살펴봅시다. 마르크스의 이데올로기와 예수님의 이데올로기 사이의 주요 대립 요소는 인간의 본질에 대한 것입니다. "이데올로기란…사실상 인류학이다"라고 J. S. 웨일은 기록했습니다. 즉 이데올로기란 인간에 대한 서로 다른 학설이라는 것입니다.[4] 즉 '인간은 절대적 가치를 가진, 반드시 존중받아야 하는 존재인가? 아니면 인간의 가치란 국가에 대해 상대적이며, 따라서 국가에 이용당할 수도 있는가?' 좀더 쉽게 말하면, '사람은 제도의 노예인가 아니면 제도가 사람의 노예인가?' 하는 문제입니다.

세 번째로, 인간에 대한 질문에는 직업적 중요성이 있습니다. 중대한 직업들(예를 들어 교육이나 법조계의 직업들)과 소위 '돌보는' 직업들(의료 계통, 준의료 활동, 사회 사업)은 그 수혜자를 환자라고 부르건, 피보호자 혹은 의뢰인이라고 부르건, 모두 인간의 복지에 관심이 있습니다. 그리고 그 직업의 종사자들이 자신들이 위해서 일하는 대상을 어떻게 대하는지는, 종사자들이 그들을 어떻게 평가하느냐에 거의 전적으로 달려 있습니다.

각 질문의 (개인적, 정치적, 직업적) 중요성을 살펴보았으니 이제는 그 질문 자체로 돌아가 봅시다. 현대의 많은 철학과 이데올로기에 대한 기독교적 비판의 요점은, 그것이 인간의 조건에 대해서 지나치게 순진한 낙관주의에 빠져 있거나, 아니면 지나치게 부정적인 비관주의에 빠져 있다는 것입니다. 반면에 우리는 오직 성경만이 균형을 유지하고 있다고 감히 덧붙입니다.

세속적 인본주의자들은 매우 낙관적인 경향이 있습니다. 그들은 인간이 맹목적 진화의 산물일 뿐이라고 단언합니다. 그러나 그들은 인간 안에 있는 향후 진화의 잠재력에 대해 무한히 확신하며, 특히 언젠가는 인간이 자신의 역사를 다스리고 자신의 운명을 통제하게 될 것이라고 믿습니다. 그러나 이것은 지나치게 낙관적인 태도입니다. 이러한 입장은 그리스도인들이 '원죄'라고 부르는 것을 고려하지 않고 있습니다. 이 '원죄'란 우리 본성에 있는 자기중심성의 왜곡이며, 이것 때문에 숱한 사회 개혁가들의 꿈이 좌절되었습니다.

한편 무신론적 실존주의자들은 반대 극단인 비관주의, 심지어는 절망으로 나아갑니다. 하나님이 없기 때문에 더 이상 아무런 가치도 없다고 그들은 말합니다. 비록 우리가 어떻게든 존재할 수 있는 용기는 내야겠지만, 아무것도 의미 없으며 모든 것은 궁극적으로 부조리하다는 것입니다. 만약에 하나님이 정말로 죽었다면 이 말은 적어도 논리적이기는 합니다. 미국의 유명한 재담가인 마크 트웨인은, 비록 실존주의가 발전하기 훨씬 전의 사람이기는 하지만, 다음과 같은 말을 함으로써 일종의 실존주의적 냉소주의를 보여 주었습니다. "인간을 고양이와 교배할 수 있다면, 인간은 개선되겠지만, 고양이는 퇴보될 것이다!"[5] 하지만 이는 지나치게 비관적인 태도입니다. 여기에는 인간의 역사를 장식해 온 사랑, 기쁨, 아름다움, 용맹, 자기희생이 고려되지 않습니다.

오직 참된 기독교만이 양 극단 모두를 피할 수 있다는 것이 저의 주장입니다. 다시 한번 웨일을 인용하자면, 우리에게 필요한 것은 "인본주의자의 태평스러운 낙관주의나, 냉소주의자의 어두운 비관주의가 아니라, 성경의 근본적 사실주의입니다."[6] 성경은 인간성의 영광과 수치, 위엄과 부패라는 역설을 견지하고 있습니다.

영광

성경의 제일 첫 장에서 우리는 하나님의 위엄 있는 말씀을 듣게 됩니다.

> "우리가 우리의 형상을 따라서, 우리의 모양대로 사람을 만들자. 그리고 그가, 바다의 고기와 공중의 새와 땅 위에 사는 온갖 들짐승과 땅 위를 기어다니는 모든 길짐승을 다스리게 하자" 하시고, 하나님이 당신의 형상대로 사람을 창조하셨으니, 곧 하나님

의 형상대로 사람을 창조하셨다. 하나님이 그들을 남자와 여자로 창조하셨다(창세기 1:26-27).

인간이 가지고 있는 하나님의 형상이 의미하는 바에 대한 논의가 많았습니다. 어떤 학자들은, 이집트와 앗시리아 문화에서는 왕이나 황제가 이 땅에서 하나님을 대변하는 '하나님의 형상'으로 여겨졌고, 왕은 자신의 통치 영역을 상징하기 위해 그 지역 곳곳에 자신의 상을 세우게 했다는 사실을 강조합니다. 바로 이러한 배경에서 하나님은 인간에게 왕으로서의 책임을 위임했고, 지구와 그 피조물들을 다스리도록 임명했다는 주장입니다.

그러나 성경에서 펼쳐지는 이야기에 보면 하나님의 형상으로서 인간은 분명 다른 동물과 구분됩니다. 말하자면 하나님의 형상은 인간에게만 국한된 특성들의 총체입니다.

첫째, 우리에게는 이성적 사고 능력이 있습니다. 물론 동물에게도 뇌가 있고, 어떤 것들은 아주 기본적인 뇌의 형태만 가지고 있습니다. 그러나 동물에게는 '이해력'이나 지성이 없는(시편 32:9) 반면에 인간은 사고하고, 추론하고, 논쟁하고, 토론할 수 있습니다. 또한 우리에게는 자의식이 있습니다. 즉 우리에게는 바로 이 순간 우리가 행하는 그 행동을 할 수 있는 특별한 능력이 있습니다. 말하자면, 우리 자신에서 벗어나서 스스로를 평가하고, 우리 자신의 정체성에 대해서 질문을 던질 수 있는 것입니다. 어느 과학자가 동료 과학자에게 말한 것처럼, 천문학적으로 말하자면 인간은 매우 사소한 존재임이 분명합니다. 그러나 그의 동료는, 천문학적으로 말하자면 인간은 천문학자와 같은 존재라고 대답했습니다! 우리는 우주에 대해 끊임없이 알고자 합니다. 윌리엄 템플 대주교는 이렇게 말했습니다. "나는 별들보다 위대하다. 왜냐하면 나는 별들이 저 위에 있음을 알지만, 별들은 내가 이 아래에 있음을 모르기 때문이다."

둘째, 우리에게는 도덕적 선택을 할 수 있는 능력이 있습니다. 우리에게는 선과 악을 구별할 양심이 있고, 동시에 그 중 하나를 택할 수 있는 자유도 어느 정도 있습니다. 우리 외부와 우리 위에 도덕적 질서가 있음을 우리는 인식하며, 그 질서에 대한 책임이 있다는 것을 압니다. 그래서 우리는 옳다고 믿는 것을 행하려는 내적 충동이 있으며, 우리가 잘못이라고 생각하는 행동을 했을 때 심한 죄책감을 느낍니다.

그러나 동물에게는 도덕적 감각이 없습니다. 예를 들어, 강아지를 (보상과 처벌의 반복을 통해) 명령에 순종하도록 훈련시키고, 거실에 있는 어느 특정한 의자에만 앉아야 한다는 것을 배우게 할 수는 있습니다. 만약 우리가 거실에 들어갔다가 그 강아지가 금지된 의자에 앉아 있는 것을 보게 되면,

강아지는 본능적으로 몸을 움츠릴텐데 그것은 (겉으로는 아무리 죄지은 표정을 짓는다 해도) 죄책감을 느껴서가 아니라 매 맞을 것을 알기 때문에 그렇게 하는 것입니다.

셋째, 우리에게는 예술적인 창조성이 있습니다. 하나님이 당신의 형상으로 우리를 창조하셨을 때, 하나님은 우리를 자신처럼 창조적인 존재로 만드셨습니다. 우리는 '창조적인 피조물'입니다. 그래서 우리는 그림을 그리고, 건축하고 조각하며, 꿈꾸고 춤추고, 시를 쓰고 작곡을 합니다. 인간은 상상력이 있으면서도 동시에 혁신적입니다. 우리는 보고, 듣고, 만지기에 좋은 것을 감상할 줄 압니다.

넷째, 우리에게는 사회적 관계를 맺을 수 있는 능력이 있습니다. 물론 모든 동물은 짝짓기를 하고 새끼를 낳고 그 새끼를 돌봅니다. 그중 어떤 동물들은 (떼를 지어서 혹은 무리로 다니면서) 군집 생활을 하고, 또 어떤 동물들은 (벌이나 개미처럼) 매우 복잡한 사회 구조를 만들기도 합니다. 그러나 인간은 사랑이라는 진정한 관계를 갈구합니다. 사랑은 단지 내분비선샘의 교란이 아닙니다! 누구나 사랑이 세상에서 가장 위대한 것임을 압니다. 산다는 것은 사랑한다는 것이고, 사랑이 없다면 인격은 붕괴되고 죽습니다. 게다가 그리스도인들은 사랑이 왜 그토록 탁월한지를 압니다. 바로 하나님의 본질이 사랑이기 때문이며, 그래서 하나님은 우리를 당신의 형상으로 만드실 때 우리에게 사랑하고 사랑받는 능력을 주셨습니다.

다섯째, 우리에게는 겸손하게 예배 드릴 능력이 있습니다. 유럽 마르크스주의의 몰락과 그 원인에 대해서는 많은 논쟁이 있었습니다. 많은 사람들은 그 원인이 천박한 물질주의에 있다고 믿었습니다. 물질주의는 공산주의 형태로건 자본주의 형태로건 인간의 영혼을 만족시킬 수 없기 때문입니다. 우리는 본능적으로 물질적 질서를 초월하는 실체가 있음을 알며, 사람들은 곳곳에서 그 실체를 추구합니다. 그리고 그중 아마도 뉴에이지 운동이 가장 최근의 형태일 것입니다. 인간은 떡으로만 살지 않는다고, 그리고 실제로 그렇게 살 수도 없다고, 예수님은 구약성경을 인용하며 말씀하셨고(마태복음 4:4; 신명기 8:3), 도스토예프스키는 "인간은 무한히 위대한 자 앞에 절해야 한다"고 썼습니다. 우리는 하나님을 예배할 때 가장 참된 인간이 됩니다.

이 다섯 가지 (생각하고, 선택하고, 창조하고, 사랑하고, 예배하는) 인간의 능력으로 우리는 동물과 구별되고 그 능력이 우리 안에 있는 하나님의 형상을 구성합니다. 시인과 극작가들이 인간의 독특한 존엄을 찬양한 것은 당연합니다. 햄릿이 "인간은 얼마나 위대한 작품인가! 그 이성은 얼마나 고귀한가! 그 능력은 얼마나 무한한가!…그 행동은 얼마나 천사 같은

가! 그 이해력은 얼마나 신과 같은가! 이 세상의 아름다움이여! 동물들의 귀감이여!"라고 독백한 것은 과장이 아닙니다.[7]

여기서 이 장을 마무리할 수 있다면 얼마나 좋을까요! 그러면 우리는 오염되지 않은 자존감에 가슴 벅차 하며 다음 주제로 넘어갈 수 있을 테니까요. 그러나 우리의 인간됨에는 다른 어두운 면이 있는데 우리는 이 부분을 잊고 싶어 하지만 그 어두운 면은 계속해서 모습을 드러내며, 우리는 가장 좋은 상태일 때 그러한 어두움을 심히 부끄럽게 여깁니다. 마크 트웨인의 말을 빌면, "인간은 얼굴을 붉히는, 혹은 붉힐 필요가 있는 유일한 동물"입니다.[8]

수치

예수님 자신이 이에 대해 말씀하셨습니다. 아마도 다음의 본문이 예수님이 하신 가장 거침없는 말씀일 것입니다.

> "나쁜 생각은 사람의 마음에서 나오는데, 곧 음행과 도둑질과 살인과 간음과 탐욕과 악의와 사기와 방탕과 악한 시선과 모독과 교만과 어리석음이다. 이런 악한 것이 모두 속에서 나와서 사람을 '더럽힌다'"(마가복음 7:21-23).

이처럼 예수님은 인간의 본성이 근본적으로 선하다고 가

르치지 않으셨습니다. 그 반대로 예수님은 인간이 악을 행하는 능력을 타고났다고 주장하셨습니다. 실제로 이 본문에는 우리가 집중해서 보아야 할 인간 악의 네 가지 측면이 나와 있습니다.

첫째, 악의 범위는 우주적입니다. 이 본문에서 우리는 예수님이 단지 사회의 범죄 구역이나 특별히 타락한 어느 종족을 설명하는 것이 아니었음을 보게 됩니다. 예수님은 바리새인이라는 종교적이고 의로운 사람들과 말씀하셨습니다. 그 자리에서 예수님은 인간(모든 남자와 여자와 아이들)의 마음에서 악한 것이 나온다는, 인류 전체에 해당되는 일반적 진술을 하신 것입니다.

둘째, 악의 핵심은 자기중심성입니다. 우리는 이미 이 사실에 주목한 바 있습니다. 여기서 예수님은 열세 가지 '악'의 목록을 주시는데, 그것을 살펴보면 모두 인간의 자기중심성이 겉으로 표현된 것입니다. 그것은 우리가 하나님을 가장 우선으로 여기고, 그런 다음에는 우리 이웃을, 그리고 우리 자신은 맨 마지막에 두지 못했을 때 하게 되는 생각과 말과 행동인데 이 때문에 우리는 죄를 짓게 됩니다. 『옥스퍼드 영어 소사전』을 꺼내어 '자기'self 라는 단어와 합성된 단어들을 찾아본 적이 있습니다. 자기 긍정, 자기 방임, 자화자찬, 자기 선전, 자기만족, 자기 연민, 자기 의지 같은 단어들 말입니다.

경멸의 의미가 있는 '자기' 합성어는 50개가 넘습니다. 다양한 측면의 자기중심성을 표현하기 위해서는 그만큼 많은 단어가 필요한가 봅니다.

셋째, 악의 근원은 인간의 마음입니다. 흔히 말하듯, "인간 문제의 중심heart은 인간 중심heart의 문제"입니다. 예수님이 논쟁했던 바리새인들은 더러움과 순결을 외적이고 의례적인 관점으로 보았습니다. 그들은 손과 그릇을 씻는 것, 그리고 특정 음식을 피하는 것만 염려하였습니다. 그러나 예수님은 외적인 것이 아니라 내적인 것을 강조하셨습니다. 우리를 더럽히는 것은 우리 안(뱃속)에 들어가는 것이 아니라 우리 밖(마음 밖)으로 나오는 것입니다.

어쩌면 프로이트가 태어나기 수 세기 전에 예수님이 이미 프로이트주의를 우리에게 소개해 주셨다고 말할 수 있을지도 모릅니다. 왜냐하면 예수님이 마음이라고 부르신 것은 프로이트가 무의식이라고 부른 것과 대략 비슷하기 때문입니다. 무의식은 마치 깊은 우물과 같습니다. 평상시에는 우물 바닥에 깔린 두터운 진흙 퇴적물은 보이지도 감지되지도 않습니다. 하지만 격한 감정이라는 바람이 물을 휘저으면, 가장 흉측하고 악취가 나는 오물이 깊은 곳에서 올라와 표면으로 드러납니다. 분노, 적의, 탐욕, 증오, 잔인함, 복수심 등이 표출되고 그때 우리는 우리 마음이 얼마나 악해질 수 있는지 흘끗 보는 것만으로도 소름이 끼치는 것입니다.

넷째, 악의 결과는 그것이 우리를 더럽힌다는 것입니다. 즉 악으로 인해 우리는 하나님 보시기에 더러운 존재가 되고 하나님을 만나기에 부적합한 존재가 됩니다. 하나님의 거룩을 한순간 흘끗이라도 본 사람은 누구나 그것을 감당하지 못했습니다. 불타는 가시떨기 앞에 선 모세처럼 말입니다. 모세는 "하나님을 뵙기가 두려워서, 얼굴을 가렸"습니다(출애굽기 3:6).

이것이 바로 우리 인간성의 수치입니다. 인간의 악의 범위는 우주적이며, 그 본질상 자기중심적이고, 근원상으로는 내면적이며, 그 효과는 더럽히는 데 있습니다. 이것은 (논쟁의 여지가 있는 호칭이기는 하지만) 역사상 가장 위대한 윤리 선생의 진단일 뿐 아니라, 우리 자신의 경험이기도 합니다. 제 경우에도 확실히 그렇습니다.

역설

이제 우리는 인간성의 영광과 수치, 존엄과 부패를 함께 다룰 준비가 되었습니다. 인간은 이상하고도 비극적인 역설적 존재이기 때문입니다. 우리는 가장 고상하고 고결할 수 있는 동시에 가장 천박하고 잔인할 수도 있습니다. 우리는 하나님의 형상대로 지음 받은 자답게 하나님처럼 행동할 수 있는

가 하면, 동시에 인간과는 전혀 구별된 짐승처럼 행동할 수도 있습니다. 우리는 생각하고, 선택하고, 창조하고, 사랑하고, 예배할 수 있지만, 또한 동시에 증오하고, 탐내고, 싸우고, 살인할 수 있습니다. 인간은 아픈 자를 돌보기 위해 병원을 고안하고, 지혜를 얻기 위해 대학을 설립하고, 하나님을 예배하기 위해 교회를 세운 존재입니다. 그러나 인간은 또한 고문실과 포로 수용소와 핵 무기고를 발명했습니다.

이것이 바로 우리 인간성의 역설입니다. 우리는 고결한 동시에 저열하고, 합리적인 동시에 비합리적이고, 도덕적인 동시에 비도덕적이며, 창조적인 동시에 파괴적이고, 사랑하는 동시에 이기적이며, 하나님 같으면서도 짐승 같습니다.

인간의 역설에 대해서는 아주 오래전 리처드 할러웨이 주교만큼 생생하게 표현한 사람은 없다고 생각합니다.

이것이 내 딜레마다.…나는 먼지이자 재이고, 연약하고 제멋대로이며, 예정된 반응을 보이는 행동의 집합체다.…두려움으로 가득하고 욕구로 둘러싸여 있고,…먼지의 전형이며 먼지로 돌아갈 것이다.…그러나 내 안에는 또 다른 것이 있다.…나는 먼지일지 모르나 걱정하는 먼지이며, 꿈꾸는 먼지이며, 변모와 예비된 영광, 준비된 운명, 언젠가 내 것이 될 유산에 대한 이상한 예감을 가지고 있는 먼지다.…이렇게 나의 삶은 재와 영광, 나약함과 변모의 고통스러운 변증법으로 펼쳐져 있다. 나는 나 자신에게도 수수께끼이며, 짜증나는 불가사의다.…먼지와 영광이라고 하는 이 이상한 이중성을 가진 존재다.[9]

역설적인 인간성은 몇 가지 실제적인 결과, 특히 정치적, 심리적, 개인적인 결과로 나타납니다.

정치적으로 볼 때, 인간성의 역설 혹은 모호성 때문에, 이제까지 개발된 정부 형태 중 민주주의가 최상의 형태입니다. 왜냐하면 이론상으로 민주주의는 인간의 위엄과 부패를 모두 인정하기 때문입니다. 민주주의는 사람들을 마음대로 좌지우지하거나, 동의 없이 사람을 다스리는 것을 거부하기 때문에 인간의 위엄을 인정하며, 의사 결정 과정에 개인을 참여시킵니다. 각 사람을 책임 있는 어른으로서 존중하고 대우하는 것입니다.

한편 민주주의는 인간의 부패 또한 인정합니다. 민주주의는 소수의 사람들 손에 권력을 집중시키지 않는데, 그렇게 하는 것이 안전하지 않음을 알기 때문입니다. 따라서 민주주의의 핵심은 권력을 분산시켜서 통치자들이 권력을 독점하는 것을 막는 것입니다. 라인홀드 니버는 이렇게 말했습니다. "정의로울 수 있는 인간의 능력 때문에 민주주의가 가능하다. 그리고 불의를 행하려는 인간의 경향 때문에 민주주의가 필요하다."[10]

두 번째로, 인간의 역설로 말미암는 심리적 결과를 봅시다. 우리는 균형 잡힌 자아상을 가지는 것이 정신 건강에 좋다는 것을 압니다. 심각한 열등감이 있거나 자기 이미지가 초라한 사람들도 있습니다. 또 어떤 사람들은 그 반대 극단에 서 있습니다. 예를 들어, '내담자 중심 상담'을 만든 미국의 칼 로저스는, 우리 인간성의 핵심은 선하기 때문에 "무조건적이고 긍정적인 자기 존중"을 개발할 필요가 있다고 믿게 되었습니다.[11] 이런 식의 사고는 자아 실현 운동 안에 팽배해 있으며, 하나님을 사랑하고 이웃과 우리 자신을 사랑해야 한다고 주장하는 많은 그리스도인들을 사로잡았습니다. 그러나 그 말은 우리가 타락한 이상, 사실은 우리 자신을 사랑하는 것처럼 이웃을 사랑해야 한다는 의미입니다. 다음의 세 가지 논쟁에서 보듯 자신을 사랑하라는 것은 권고된 바가 없습니다. 첫째, 예수님은 하나님 사랑과 이웃 사랑은 말씀하셨지만, 자기 사랑은 언급하지 않으셨습니다. 둘째, 자기 사랑은 죄의 본질입니다(디모데후서 3:2). 셋째, 우리 삶의 특징이 되어야 하는 사랑은 '아가페'*agape* 사랑으로, 이 사랑은 희생과 섬김 모두를 포함하기 때문에 우리 자신을 향할 수가 없습니다. 어떻게 우리 자신을 섬기기 위해서 우리 자신을 희생할 수가 있겠습니까?

그렇다면 균형 잡힌 자아상은 무엇일까요? 우리 자신을 미워해서도 사랑해서도 안 된다면, 우리 자신을 어떻게 대해야 할까요? 바로 여기에 인간의 역설이 있습니다. 우리는 인간이 창조와 타락 모두의 산물임을 기억해야 합니다. 따라서 우리 안에 하나님의 형상대로 창조된 것에서 기인하는 모든 것은 기꺼이 긍정하고, 타락에서 기인하는 모든 것은 단호하게 거부해야 합니다. 이렇게 우리는 자기 긍정과 자기 부정을 함께 하도록 부름받았으며, 어느 때에 어떤 태도가 적합한지를 구분하는 분별력이 필요합니다.

인간 역설의 세 번째 결과는 개인적인 것입니다. 예수님이 악은 마음에서 나오는 것이며 동시에 우리를 더럽게 하는 것이라고 설명하셨음을 앞에서 살펴보았습니다. 이 사실로 미루어 볼 때 우리에게 이중적 필요가 있음이 분명합니다. 한편으로는 더러움을 씻어 깨끗하게 되어야 하고, 다른 한편으로는 새로운 욕구와 열망으로 채워진 새로운 마음이 필요합니다. 이 두 가지 모두가 복음에 제시되어 있다는 것이 제게는 참으로 놀라운 사실입니다. 그리스도는 우리를 깨끗하게 하기 위해 죽으셨고, 우리 안에서 일하시는 성령을 통해 우리를 새롭게 하실 수 있습니다. 이것은 역설적인 우리 인간성에 논리적으로 복음을 적용한 것이며, 바로 제가 그리스도인인 네 번째 이유입니다.

그러므로 아들이 너희를 자유롭게 하면,

너희는 참으로 자유롭게 될 것이다.

_요한복음 8:36

5장
자유에 이르는 길

제가 그리스도인이 된 다섯 번째 이유는 예수 그리스도가 자유에 이르는 길임을 발견했기 때문입니다.

많은 사람들이 온 힘을 다해 자유를 추구합니다. 어떤 사람들에게 그 자유는 민족의 자유, 즉 식민주의 혹은 신식민주의의 멍에서 해방되는 것입니다. 또 어떤 사람들에게 그것은 시민의 자유, 즉 시민의 권리 쟁취와 해방입니다. 또 어떤 사람들에게 그것은 경제적 자유, 즉 가난과 기아와 실업에서의 자유입니다. 그러나 모든 사람에게 그 자유는 개인의 자유입니다. 개인의 자유 외의 다른 자유를 위해 열렬하게 조직적 활동을 벌이는 사람들도 자기 자신은 자유롭지 않다는 것을 아는 경우가 많습니다. 이들은 좌절감을 느끼고, 만족하지 못하며, 자유롭지 못합니다. 유명한 영국의 소설가 존 파울즈는 그가 쓰는 소설에 특별한 주제가 있느냐는 질문에 이렇게 대답했습니다. "있습니다. 자유입니다. 어떻게 자유를 성취하느냐, 그 문제에 집중하고 있습니다. 제 모든 책이 바로 그 주제에 관한 것입니다."[1]

자유는 기독교에서 매우 중요한 단어입니다. 예수 그리스도는 신약성경에 세상의 궁극적 해방자로 그려져 있습니다. 예수님은 "포로 된 사람들에게 해방을 선포"(누가복음 4:18)하러 오셨다고 말씀하셨고, "아들이 너희를 자유롭게 하면, 너희는 참으로 자유롭게 될 것이다"(요한복음 8:36)라고 덧붙이셨습니다. 마찬가지로, 사도 바울은 "그리스도께서 우리를 해방시켜 주셔서, 자유를 누리게 하셨습니다"(갈라디아서 5:1)라고 썼습니다.

자유는 '구원'을 현대적으로 잘 표현한 말입니다. 예수 그리스도에 의해 구원받는 것은 바로 자유롭게 되는 것입니다. 그러나 대화 중에 '구원'이라는 말을 언급하면 분위기가 매우 달라집니다. 어떤 사람들은 당황하며 급하게 화제를 바꿉니다. 또 어떤 사람들은 지루하다는 반응을 보입니다. 이런 사람들은 얼굴을 붉히기보다는 하품을 합니다. 왜냐하면 이들은 '죄'나 '구원'이라는 단어가, 이제는 진부하고 무의미해진 전통적 종교 용어라고 보기 때문입니다. 셋째 부류의 사람들은 혼란스러워합니다. '구원'을 어떻게 정의해야 할지 감을 잡지 못하기 때문입니다. 그러나 '자유'에 대해서 이야기하면 사람들은 금방 관심을 보입니다.

이러한 혼란을 잘 보여 주는 재미있는 일화가 하나 있습니다. 저명한 신약 학자였던 B. F. 웨스트코트는 케임브리지 대학의 신학 교수로 오랫동안 일하다가 1890년에 더럼의 주교가 된 사람입니다. 한번은 버스 여행을 하는데 구세군 소속의 젊은 여성이 말을 걸어왔습니다. 주교의 신분을 나타내 주는 각반(그 당시에는 주교들이 그런 것을 찼답니다!)에도 아랑곳하지 않고 이 여성은 그에게 구원을 받았는지 물었습니다. 그러자 주교는 눈을 반짝거리며 대답했습니다. "글쎄요, 당신의 말이 무슨 뜻인지에 따라 다르지요. '소조메노스' *sōzomenos*를 의미합니까, 아니면 '세소스메노스' *sesōsmenos*를 의미합니까, '소테소메노스' *sōthēsomenos*를 의미합니까?" 그는 '구원받다'라는 의미의 헬라어 동사 '소조' *sōzō*를 과거, 현재, 미래 시제로 사용하여 물은 것입니다.

이 장에서 제가 바라는 것은 여러분을 당황하게 하거나, 지루하게 하거나, 혼란스럽게 하지 않고, 위대하고 영광스러운 단어인 '구원'의 원래 의미를 회복하는 것입니다. 왜냐하면 이 말은 (귀찮다고 쉽게 던져 버릴 수 없는) 성경의 단어이며, (하나님의 목적 전체를 포함하는) 큰 단어이기 때문입니다. 그 의미를 제대로 회복할 때 우리는 바울이 쓴 것처럼, "나는 복음을 부끄러워하지 않습니다. 이 복음은…모든 믿는 사람을 구원하는 하나님의 능력입니다"(로마서 1:16)라고 말할 수 있게 됩니다.

갓 그리스도인이 되었을 때 이 성경 구절을 보고 '구원의 세 가지 시제'를 배웠던 기억이 생생합니다. 그 세 가지 시제는 아래와 같습니다.

첫째, 나는 십자가에 달리신 구세주로 인해 죄의 형벌에서 과거에 구원을 받았다(혹은 자유롭게 되었다).

둘째, 나는 살아 계신 구세주로 인해 죄의 세력에서 현재 구원을 받고 있다(혹은 자유롭게 되고 있다).

셋째, 나는 다시 오실 구세주로 인해 죄의 존재에서 미래에 구원을 받을 것이다(혹은 자유롭게 될 것이다).

이것은 성경에서 의미하는 '구원'을 요약한 단순한 문장 구조이며, 이 문장들은 '구원'이라는 단어가 등장할 때마다 우리가 과거, 현재, 미래 중에서 어떤 시제의 구원을 염두에 두고 있는지 스스로 물어보게 해 줍니다. 우리가 구원을 받았다는 사실로 우리는 죄책과 하나님의 심판에서 자유로워집니다. 우리가 구원을 받는다는 사실로 우리는 자기중심성의 결박에서 자유로워집니다. 그리고 우리가 구원을 받으리라는 사실은 미래에 대한 모든 두려움에서 자유하게 해 줍니다.

…로부터의 자유

그렇다면 첫째로, 구원은 죄책과 하나님의 심판으로부터의 자유를 의미합니다. 우리는 단지 죄인일 뿐만 아니라, 유죄 선고를 받은 죄인이며, 양심으로 그것을 알게 됩니다. 게다가 죄는 하나님의 진노를 유발하고 우리를 하나님의 심판 아래 놓습니다. 이것은 오늘날 시대에 뒤떨어진 표현이 되었는데, 그 주된 이유는 사람들이 이 말을 오해하기 때문입니다. 하나님의 분노는 결코 하나님이 심술궂다거나, 성질이 나쁘다거나, 앙심을 품으신다는 의미가 아니라, 하나님은 악을 미워하시고 악과 타협하지 않으신다는 의미입니다.

죄책감은 병리적인 것이며, 정신 질병의 증상이라는 프로이트의 가르침에 대한 반발이 오늘날 상당하다는 점을 감사해야 합니다. 물론 죄책감 중 일부는 실제로 병리적이며, 특히 일부 우울증의 경우는 더욱 그렇습니다. 그러나 대부분의 경우는 그렇지 않습니다. 모든 죄책이 거짓 죄책은 아닙니다. 몇몇 심리학자들과 심리요법사들은, 비록 자신들이 그리스도인이라고 공개적으로 말은 하지 않지만, 인간은 스스로의 책임을 심각하게 받아들여야 한다고 말합니다. (그렇게 하지 못할 때) 우리에게는 죄책과 용서받아야 할 필요가 그대로 남게 됩니다.

용서받지 못한 사람은 결코 자유롭지 못합니다. 제가 만약 하나님의 용서를 확신할 수 없다면 저는 당신을 똑바로 쳐다보지 못할 것이고, 당연히 하나님도 똑바로 쳐다보지 못할 것입니다. 아담과 하와가 에덴 동산에서 그랬던 것처럼 도망가 숨고 싶을 것입니다. '은폐 공작'이 처음 등장한 때는 워터게이트 사건 때가 아니라 에덴 동산에서였습니다. 우리는 용서로 말미암는 자유를 갈망합니다. 영국의 선도적인 소설가이자 무신론자였던 마가니타 래스키는 죽기 얼마 전인 1988년에 텔레비전 방송에서 깜짝 놀랄 만큼 솔직한 말을 내뱉었습니다. "당신네 그리스도인들에게 제일 부러운 것은 바로 용서예요. 내겐 나를 용서해 줄 사람이 없거든요."

시편 130:4에서 다윗은 "용서는 주님만이 하실 수 있는 것"이라고 외칩니다. 우리가 죄책과 심판에서 자유로워질 수 있는 유일한 길은 예수 그리스도를 통해서입니다. 왜냐하면 예수님이 이 세상에 오실 때 우리의 본질을 취하셔서 우리처럼 되셨고, 십자가 위에서 우리의 죄와 죄책을 지셨기 때문입니다. 전적인 자기희생적 사랑을 통해 예수님은 우리 죄의 대가를 치르셨습니다. 우리는 마땅히 죽어야 하지만 예수님이 우리를 대신해서 죽으셨습니다. 예수님은 우리가 천국에 갈 수 있도록 십자가의 그 끔찍한 어둠 속에서 지옥의 공포까지 맛보셨습니다. 이토록 놀라운 사랑에 감동받지 않는 사람은 마음이 돌같이 굳은 사람일 것입니다.

둘째로, 구원은 자신을 압박하는 자기중심성에서의 자유를 의미합니다. 제가 젊었을 때 (주로 윌리엄 템플 대주교의 가르침을 통해서) 죄는 자아를 위한 마음이고, 구원은 자아로부터의 자유라는 것을 알고는 정신이 번쩍 들었던 것을 지금도 기억합니다. 죄는 하나님의 사랑과 권위에 대항하고 이웃이 잘되는 것을 싫어하는, 반항적인 자기주장입니다. 하나님의 명령은 하나님을 제일 먼저, 그다음에는 우리 이웃, 그리고 우리 자신은 맨 나중에 두라는 것입니다. 죄는 바로 이 순서를 뒤바꾼 것입니다. 자신을 제일 먼저 두고, 그다음에는 (내가 편리할 때만) 이웃을, 마지막으로 (그나마 생각이라도 한다면) 저 멀리 어딘가에 하나님을 두는 것입니다.

루터가 가장 좋아한 죄인에 대한 정의는 '자기 자신을 향해 굽은 사람'*homo in se incurvatus*이었고, 우리와 같은 시대를 살았던 맬컴 머거리지는 "작고 어두운 지하 감옥 같은 내 자아"라는 표현을 자주 사용했습니다. 예수님은 몇몇 유대인 신자들에게 "내가 진정으로 진정으로 너희에게 말한다. 죄를 짓는 사람은 다 죄의 종이다"(요한복음 8:34)라고 말씀하셨습니다.

그리스도인들은 이처럼 갇힌 상태 혹은 노예 상태에서 벗어날 길은 오직 하나, 바로 예수 그리스도를 통해서라고 믿습니다. 그분은 죽으셨을 뿐만 아니라 죽은 자 가운데서 다시 사셨고, 지금도 '부활의 능력 안에서' 살아 계십니다(참고. 에베소서 1:19-20; 로마서 8:11). 살아 계신 예수님은 자신의 영으로 우리의 인격 안에 들어오셔서 영원한 손님으로 자리를 잡으시고, 죄 된 욕망을 정복하시고, 당신의 형상을 닮도록 변화시키셔서 점점 더 큰 영광에 이르게 하십니다(고린도후서 3:18). 물론 모든 자기중심성에서의 완전한 해방을 주장하지는 않습니다. 다만 자기 자아에서 벗어나는 실질적 변화가 있다는 것입니다.

그리고 기꺼이 그렇게 되기를 원하는 마음이 있어야 합니다. 몇 년 전, 캐나다에 있는 한 대학에서 사역을 하던 중에 어느 젊은 강사와 이야기를 하게 되었습니다. 저는 그에게 예수 그리스도를 영접하려면 그분을 삶의 중심에 두고 자신은 주변으로 물러나야 한다고 설명하려 애썼습니다. 그러자 그는 "그래요? 그런 식의 주변화는 별로 내키지 않는데요!"라고 불쑥 내뱉었습니다.

셋째로, 구원은 우리를 꼼짝 못하게 하는 두려움에서의 자유입니다. 고대 사람들은 두려움에 사로잡혀 있었습니다. 그들은 어떤 '세력'이 자신의 삶과 운명을 지배한다고 믿었습니다. 오늘날에도 많은 사람들이 그와 비슷한 두려움에 사로잡혀 있습니다. 인류를 늘 괴롭혀 온 공통된 두려움이 있습니다. 바로 질병, 고통, 장애, 무능에 대한 두려움, 실업, 경제적 재난, 사별에 대한 두려움입니다. 그리고 마술적 세력과 권품(權品) 천사, 어둠의 세력이 있는데, 이런 것들에 대해 건전한 두려움을 갖는 것은 옳은 일입니다. 한편 비합리적이고 미신적인 두려움도 있습니다. 고등 교육을 받은 유럽인들도 여전히 검지와 중지를 교차시키고 나무를 만집니다(행운을 바라는 의미에서 하는 행위-옮긴이). 서아프리카에서는 주물(부적)을 들고 다닙니다. 그리고 북미에서는 사람들이 고층 호텔의 13층에서 자려고 하지 않는데, 14층이라 부르더라도 실제로는 여전히 13층이라는 사실은 안중에도 없습니다! 교육과 미신은 배타적이지 않은 것 같습니다. 영국 사람들의 경우, 최근 국가 여론 조사에 의하면 매주 성경을 읽는 사람보다 '금주의 운세'를 읽는 사람이 두 배나 더 많다고 합니다.

저는 특별히 죽음에 대한 두려움을 별도로 언급하고자 합니다. 신약성경의 한 저자는 "일생 동안 죽음의 공포 때문에 종노릇하는 사람들"(히브리서 2:15)에 대해서 이야기하고 있습니다. 이 저자가 지금 우리 사회에 대해 이야기하는 것이라 해도 손색이 없는 표현입니다. 예수 그리스도를 제외한 모든 사람이 죽음과 소멸을 두려워합니다. 서구의 경우 우디 앨런이 이러한 공포의 전형입니다. 이 공포는 그에게 집착이 되어 버렸습니다. 물론 그는 여전히 이 문제에 대해서 농담처럼 이야기합니다. "나는 죽는 것을 두려워하지는 않는다. 다만 그 일이 일어날 때 내가 그 자리에 있지 않기를 바랄 뿐이다"라며 여전히 농담합니다.[2] 그러나 그는 사실상 공포에 사로잡혀 있습니다. 1977년 「에스콰이어」의 한 기사에 그는 이렇게 썼습니다. "모든 동기와 모든 활동 이면의 근원적인 것은 소멸과 죽음에 대한 지속적 저항이다. 그 공포는 사람을 마비시키며, 모든 사람의 성취를 무의미하게 만든다."[3]

버트런드 러셀은 용감하게 금욕주의를 주장하려 했지만, 그러한 신념의 기반은 전혀 찾지 못한 듯합니다. "나는 죽으면 썩어 버릴 것이다. 그리고 내 자아의 어떤 부분도 생존하지 못할 것이다."[4] 또한 그는 다음과 같은 신념을 피력했습니다.

어떠한 불이나 영웅심도, 아무리 깊은 생각이나 격렬한 감정도, 개인의 삶을 무덤 너머에까지 보존할 수는 없다. 숱한 세월의 노동도, 그 모든 헌신과 모든 영감도, 정오의 햇빛처럼 빛나는 인간의 모든 천재성도, 모두 태양계의 거대한 죽음 속으로 소멸할 운명에 처해 있으며 그리고 사람의 업적으로 된 신전 전체도 폐허가 된 우주의 파편 속에 묻힐 수밖에 없다.[5]

이렇듯 인간의 온갖 두려움을 재고해 보니, 그 형태가 핵폭발로 인한 것이든, 생태계의 파괴나 다른 어떤 알지 못하는 원인에 의한 것이든, 개인과 우주의 소멸이라는 궁극적 위협보다 더 큰 두려움은 없어 보입니다. 한 가지 분명한 점은 이것입니다. 두려워하는 사람은 그 누구도 자유롭지 못합니다. 그리고 예수 그리스도는 자유의 열쇠를 쥐고 계시는데 우리를 죄책에서 자유롭게 하기 위해 죽으셨고, 우리를 자아에서 자유롭게 하기 위해 부활하셨으며, 두려움에서 자유롭게 하기 위해 승천하셨기 때문입니다. 그렇다면 우리가 두려워하는 것들은 다 어디에 있습니까? 하나님은 그 모두를 전부 예수 그리스도의 발아래 두셨습니다(참고. 에베소서 1:20-22). 일단 그것들이 예수 그리스도의 발아래 있는 것을 우리가 본다면, 그것들은 우리를 두렵게 하는 힘을 상실하게 됩니다. 마법이 풀린 것입니다. 저는 두려움이란 버섯과 같음을 알게 되었습니다. 버섯은 어두운 곳에서 가장 빠르게 자랍니다. 따라서 우리는 두려움을 빛으로 가지고 나와야 합니다. 무엇보다도 죽으시고, 부활하시고, 승천하신 예수 그리스도의 궁극적인 승리의 빛으로 가지고 나와야 합니다.

그리스도인의 '소망'(즉 확신에 찬 기대)은 개인적이면서 동시에 우주적이기에, 그리스도인들은 미래에 대해 아름다운 확신을 얻었습니다. 개인적으로는 부활 이후 예수님의 몸처럼 우리도 부활의 몸과 같이 되리라는 약속을 받았는데, 그 몸에는 새롭고 상상치도 못한 능력이 있을 것입니다. 그러나 미래에 대한 우리의 소망은 우주적이기도 합니다. 우리는 예수 그리스도의 재림이 장엄한 광경을 이루는 우주적 사건이 될 것이라고 믿습니다. 예수님은 죽은 자를 부활시키실 뿐만 아니라, 우주를 재창조하실 것입니다. 그분은 모든 것을 새롭게 하실 것입니다. 모든 피조물이 부패와 죽음에 속박된 현재의 상태에서 해방될 것입니다. 자연의 신음 소리는 새로운 땅의 탄생을 약속하는 출산의 진통입니다. 새 하늘과 새 땅이 있을 것이고, 그곳은 의와 기쁨과 평화와 사랑의 근원이 될 것입니다(참고. 로마서 8:18-25; 베드로후서 3:13).

그렇다면 신약성경의 살아 있는 소망은 개인과 우주 모두의 '물질적' 변화에 대한 기대입니다. 신자들 개인은 단순한 생존이나 불멸의 생명을 약속받은 것이 아니라, 부활하고 변화된 몸을 약속받았습니다. 그리고 우주의 운명은 저세상의 '천국'이 아니라 재창조된 우주입니다. 그리고 예수님의 부활은 이 두 가지 기대의 근거가 됩니다.

…을 위한 자유

우리는 지금까지 그리스도가 우리를 무엇으로부터 자유롭게 하시는지(자유의 소극적 측면)를 살펴보았습니다. 그러나 자유를 생각할 때마다, 우리가 무엇을 위해 자유롭게 되었는지(자유의 적극적 측면)를 생각하는 것이 중요합니다.

이제는, 진정한 자유란 진정한 자기 자신, 하나님이 우리를 만드셨고 의도하신 원래의 모습이 되는 자유라는 논제를 발전시켜 보고자 합니다. 우선 하나님 자신부터 살펴봅시다. 하나님은 완전한 자유를 누리는 유일한 존재입니다. 그분의 자유가 완벽하지 않다는 논박을 할 수도 있습니다. 그것은 무슨 일이든지 다 할 수 있다는 의미의 절대적 자유는 분명 아닙니다. 하나님이 하실 수 '없다'고 성경이 직접 말하는 것들이 몇 가지 있습니다. 하나님은 거짓말을 하실 수 없습니다. 죄를 지을 수도 없습니다. 시험하거나 시험을 당하실 수도 없습니다. 따라서 하나님의 자유는 절대적이지 않습니다. 그러나 그것은 완전한 자유입니다. 왜냐하면 하나님께서는 당신이 하시고자 하는 일은 무엇이든 할 자유가 있기 때문입니다. 하나님이 하실 수 없는 일들은 모두 하나님 자신을 거스르지 않는 일반적 규칙 아래에 있는 것들입니다(디모데후서 2:13). 하나님은 언제나 전적으로 자기 자신과 일치하십니다. 하나님께서는 임의적이거나, 변덕스럽거나, 충동적인 것이 전혀 없습니다. 하나님은 언제나 동일하십니다. 변하지 않으십니다. 확고부동하고 불변하십니다. 하나님은 하나님으로서 진정한 자기 자신이 되심으로 자유를 찾으십니다. 만약에 하나님이 자기 자신에 반하는 일을 하신다면 그것은 자기 자신을 파괴하는 일이 될 것이며, 따라서 그분은 더 이상 하나님이 아닐 것입니다. 그러나 하나님은 그렇게 하지 않으시고 자기 자신으로 존재하시며 자기 자신의 존재에서 결코 벗어나지 않으십니다. 만약에 하나님이 전적으로 자기 자신의 존재에서 잠시라도 벗어난다면 이 세상은 어떻게 되겠습니까?

이제 창조자이신 하나님에 대한 고찰에서 하나님의 모든 피조물에 대한 고찰로 넘어가 보면 여기서도 같은 원칙이 적용되는 것을 보게 됩니다. 절대적 자유, 무한한 자유는 환상이며 불가능합니다. 모든 피조물의 자유는 자신이 창조된 본질의 제한을 받습니다. 쉬운 예로 물고기를 들어 봅시다. 하나님은 물고기를 물에서 살고 물에서 번성하도록 창조하셨습니다. 물고기의 아가미는 물속에서 산소를 빨아들이게 되어 있습니다. 물고기는 자신의 물고기다움과 물고기로서의 정체성, 자유를 발견할 수 있는 요소 안에서 자기 자신이 될 자유를 얻습니다. 물로 인해 물고기에게 한계가 생기지만 그 한계 안에 자유가 있습니다. 물고기의 자유는 창조자가 부여한 한계 안에서 자기 자신이 되는 것입니다. 당신의 집에 동그랗게 생긴 고풍스러운 빅토리아 시대의 금붕어 어항이 있다고 해 봅시다. 그리고 당신의 금붕어가 그 어항 안에서 행복하게 헤엄치며 돌아다니다가, 욕구 불만을 느껴 참지 못하고 어항 밖으로 뛰쳐나가 자유를 얻기로 결심했다고 합시다. 그 금붕어가 우연히 당신의 정원 연못에 들어가게 된다면 더 큰 자유를 얻게 될 것입니다. 여전히 물속에 있지만, 더 큰 물에서 살게 됩니다. 그러나 만약 연못이 아니라 거실 바닥이나 콘크리트에 떨어진다면, 자유를 위한 그 금붕어의 노력은 죽음을 의미하게 됩니다. 물고기는 자신이 창조된 범위 안에서만 자유를 찾을 수 있습니다.

이제 인간을 살펴볼 차례입니다. 만약에 물고기가 물에서 살도록 만들어졌다면, 인간은 무엇을 위해 만들어졌을까요? 이 질문에 대한 성경적 대답은, 만약 물고기가 물에서 살도록 만들어졌다면, 인간은 분명 사랑하며 살도록, 즉 하나님과 이웃을 사랑하도록 만들어졌다는 것입니다. 사랑은 인간이 자신의 독특한 인간됨을 발견하는 요소입니다. 16세기의 로마 가톨릭 시인 로버트 사우스웰은 이렇게 썼습니다. "내가 숨 쉬는 곳이 아니라, 내가 사랑하는 곳에서 나는 산다."[6] 이는 인간의 영혼은 존재할 때가 아니라 사랑할 때 산다는, 아우구스티누스의 경구를 염두에 둔 것입니다. 진정한 인간은 사랑 없이 존재할 수 없습니다.

이러한 사실로 인간의 놀라운 역설을 보게 됩니다. 이를 간단하게 설명해 보겠습니다. 진정한 자유는 하나님이 나를 만드시고 의도하셨던 원래의 진정한 나 자신이 되는 자유입니다. 그런데 하나님은 나를 사랑을 위해 만드셨고, 이 사랑은 주는 것, 곧 자기 자신을 주는 것입니다. 따라서 나 자신이 되기 위해서는 자신을 부인해야 하며, 하나님과 다른 사람을 사랑하는 데 자신을 내어 주어야 하는 것입니다. 자유롭기 위해서 나는 섬겨야 합니다. 살기 위해서는 자기중심성에 대해 죽어야 합니다. 나를 찾기 위해서, 사랑함으로 나를 잃어버려야 합니다. 미켈란젤로가 이러한 진리를 다음과 같이 아름답게 표현한 것을 어딘가에서 읽은 적이 있습니다. "내가 당신의 것일 때, 나는 비로소 완전한 나 자신이 됩니다." 내가 당신(하나님과 이웃)의 것이기 전에는 나 자신이 아니기 때문입니다.

따라서 자유는 대부분의 사람들이 생각하는 것과는 정반대입니다. 헬싱키 대학에 다니는 핀란드인 학생이 저에게 이렇게 말한 기억이 납니다. "내가 하나님과 다른 사람에 대한 책임에서 자유로울 수만 있다면 나 자신을 위해서 살 수 있을 텐데 말입니다. 그러면 자유롭겠지요." 그러나 진정한 자유는 그 반대입니다. 나의 어리석은 자아에 대한 집착에서 해방되어 하나님과 이웃을 자유롭게 사랑하는 것이 자유입니다.

예수님 자신이 이와 같은 자유의 근본적 역설을 가르치셨습니다. 예수님은 이렇게 말씀하셨습니다. "누구든지 제 목숨을 구하고자 하는 사람은 잃을 것이요, 누구든지 나와 복음을 위하여 제 목숨을 잃는 사람은 구할 것이다"(마가복음

8:35). 저는 이 말씀이 순교자들을 두고 하신 말씀이라고 생각했고 문자 그대로 육체적인 구원과 목숨을 잃는 것이라고 생각했습니다. 그러나 성경에서 '목숨'이라고 번역하는 헬라어는 '프쉬케'*psychē*인데, 여러 문맥에서 '자아'라고 보는 것이 가장 좋습니다. 혹은 재귀대명사 '너 자신'을 대신해서 쓸 수도 있습니다. 예수님의 경구를 현대어로 표현한다면 다음과 같이 번역할 수 있을 것입니다.

"네가 만약 너 자신에게 집착하고, 너 자신을 위해서 살기를 고집하고, 너 자신을 놓아 주려 하지 않는다면 너는 너를 잃게 될 것이다. 그러나 만약 네가 너 자신을 잃어버리고, 하나님과 네 동료 인간들을 사랑하는 데 너 자신을 내어 줄 준비가 되어 있다면, 완전하게 포기하는 그 순간, 네가 모든 것을 잃어버렸다고 생각하는 바로 그 순간에 기적이 일어나 너는 너 자신을 찾게 될 것이다."

그리스도는 자유에 이르는 길이며, 이것이 바로 제가 그리스도인인 다섯 번째 이유입니다.

나는, 양들이 생명을 얻고 또 더 넘치게 얻게 하려고 왔다.

_요한복음 10:10

6장
열망의 실현

제가 그리스도인인 여섯 번째 이유는 간단합니다. 모든 인간에게는 몇 가지 근본 열망 혹은 갈망이 있는데, 오직 예수님만이 그것을 만족시킬 수 있다고 확신하기 때문입니다. 이것은 그저 이론에 불과하지 않습니다. 수백만의 그리스도인들이 그 주장의 진실성을 입증한 바 있으며, 그중에는 저 자신도 포함된다고 바라고 믿습니다. 인간의 마음에는 그 누구도 아닌 오직 그리스도만이 해결하실 수 있는 굶주림이 있습니다. 또한 예수님만이 풀어 주실 수 있는 목마름과, 예수님만이 채우실 수 있는 내적 공허가 있습니다. 『고백록』의 첫 장을 시작하며 아우구스티누스는 이렇게 썼습니다. "당신은 당신을 위한 존재로 우리를 창조하셨기 때문이오며, 그리하여 주님 안에서 안식하기까지 마음은 평화를 누리지 못합니다."[1]

그러나 이와 같은 주장을 살펴보려고 할 때, 즉각 두 가지 반론이 제기될 수 있습니다. 첫 번째는 예수 그리스도의 존재가 목발과 같다는 것입니다. 사람들은 이렇게 말합니다. "도움이 필요한 절름발이들에게는 좋지만 몸도 건강하고 정신도 강인한 사람들에게는 불필요한 존재입니다."

저는 이러한 비판에 기꺼이 동의합니다. 예수 그리스도는 실제로 절름발이들이 걸을 수 있도록 도와 주는 목발이며, 영적으로 병든 자들을 위한 약이요, 배고픈 자를 위한 떡이요, 목마른 자를 위한 물이기도 합니다. 이것을 부인하지는 않습니다. 그것은 전적으로 사실입니다. 그러나 모든 인간은 절름발이이며, 병들었고, 배가 고프며, 목이 마릅니다. 유일한 차이점은, 어떤 이들에게는 도움이 필요하고 어떤 이들에게는 그렇지 않다는 사실이 아닙니다. 오히려 자신의 필요를 알고 인정하는 사람들이 있는가 하면, 무지로 인해서 알지 못하거나 자존심 때문에 알려고 하지 않는 사람들이 있다는 사실입니다.

때때로 제기되는 두 번째 반론은 예수 그리스도가 우리 생각으로 만들어 낸 가공의 인물이라는 것입니다. 어떤 사람들은 이렇게 말합니다. "예수 그리스도가 인간의 필요를 충족시킨다는 믿음은 그 속내가 뻔하다. 예수님은 당신의 상상력이 만들어 낸 허구일 뿐이다. 사랑받지 못하고 쓸모없다는 느낌이 들기 때문에 하늘에 계신 아버지라는 인물을 만들어 내었다. 영적으로 굶주린 느낌 때문에 생명의 떡인 예수 그리스도를 만들어 내는 것이다."

이러한 두 번째 반론의 논법에는 논리성이 결여되어 있습니다. 음식으로 육체적 굶주림을 해결한다는 사실 때문에 우리가 음식을 의심합니까? 사랑으로 행복감을 느끼게 되기 때문에 사랑에 대해 의심이 생깁니까? 그런 것이 아니라면 왜 그리스도가 인간의 열망을 실현해 준다고 하는 사실 때문에 그리스도를 의심해야 합니까? 우리의 열망이 그리스도 안에서 실현되는 상황은 생각이 만들어 낸 환상 때문이 아니라, 하나님이 세우신 실재 때문입니다. 루이스는 특유의 명쾌함으로 이렇게 표현했습니다. "우리 평생의 향수, 지금은 단절되었다고 느끼는 우주에 있는 무엇인가와 재결합하고픈 갈망, 바깥에서만 바라보던 문의 안쪽으로 들어서고 싶은 욕망, 이것은 단순히 비현실적인 공상이 아니라 우리의 실제 상황을 가장 진실하게 보여 주는 지표입니다."[2]

그리스도가 인간의 열망을 실현시켜 준다고 하는 주장에 대해 사람들이 제기하는 두 가지 가장 일반적인 반론을 고찰했으니 이제는 그 주장 자체를 좀더 깊이 살펴봅시다. 그러기 위해 바울이 골로새인들에게 쓴 편지의 두 번째 장으로 가 봅시다. "그리스도 안에 온갖 충만한 신성이 몸이 되어 머물고 계십니다"(9절). "여러분도 그분 안에서 충만함을 받았습니다"(10절).

이 놀라운 말씀에 공통된 것은 '충만'이라는 단어와 '그리스도 안에'라는 표현입니다. 그리스도 안에 하나님의 충만이 영구히 머물고, 그리스도 안에서 (그분에게 연합된) 우리 또한 충만한 생명에 이르게 되었습니다. 신적 존재의 핵심적인 모든 것이 그리스도 안에 있고, 우리가 만약 그리스도 안에 있다면 인간 존재의 핵심적인 모든 것이 우리 안에 있습니다. 그렇다면 그리스도인이 된다는 것은 끊임없이 유별나다고 핀잔받는 괴짜가 되는 것이 아니라, 진정으로 온전한 인간, '충만'에 이른 인간이 되는 것입니다. 반대로, 그리스도를 거부하는 것은 인간 이하의 존재가 되는 것인데 이는 진정한 인간됨에 꼭 필요한 체험을 할 수 없기 때문입니다.

그렇다면 인간이 간구하는 이런 체험이란 무엇입니까? 인간의 갈망이란 무엇입니까? 지금부터, 인간에게는 오직 예수 그리스도만이 실현할 수 있는 세 가지 기본적 열망이 있다는 논제를 가지고 이야기해 보겠습니다.

인간은 초월성을 추구합니다

'초월성'이라는 말은 최근까지만 해도 다소 현학적인 용어로 여겨졌으며, 잘 사용되지도 않고 이해되지도 않았던 말입니다. 이 단어는 주로 신학계에서 ('우리를 넘어서 존재하는 하나님'이라는 의미의) '초월성'과 ('우리와 함께 그리고 우리들 가운데 계시는 하나님'이라는 의미의) '내재성'을 구분하기 위해 사용되었습니다. 그러나 오늘날에는 특히 초월적 명상이 유행을 타면서, 모든 사람이 초월성의 의미를 대충이나마 알게 되었습니다. 초월성에 대한 추구란 물질적 질서 위에 있는, 그리고 그것을 넘어서는 실재를 찾는 것입니다. 이러한 추구는 실재를 시험관에서 보는 것이나 현미경으로 관찰되는 것에만 국한시킬 수 없다는 신념에서 비롯됩니다. 그 어떠한 과학적 도구도 파악하거나 측정할 수 없는, 과학이 밝혀 내는 것 이상의 무엇, 우리의 경외감을 일게 하는 무엇이 있다는 것입니다.

초월성을 상실한 오늘날의 모습을 아주 잘 표현한 작가는 시어도어 로작인데, 그의 글이 더욱 놀라운 것은 그가 기독교 신앙을 고백하는 사람이 아니기 때문입니다. 그의 저서 『황무지가 끝나는 곳』은 아마도 그의 대표 저서 『대항 문화 만들기』 다음으로 유명한 책일 것입니다. 그 책은 흥미롭게도 '후기 산업 사회에서의 정치와 초월성'이라는 부제를 달고 있습니다. 그는 자신이 "세계의 코카콜라 식민지화"라고 부르는 현상을 개탄합니다.[3] 오늘날 우리는 "과학적 세계관의 심리적 밀실 공포증"으로 고통받고 있으며, 그 공포증으로 인간의 영혼은 숨을 쉴 수 없다고 그는 말합니다.[4] 나아가서 로작은 과학이[제 생각에는 의사(擬似) 과학을 말하는 것 같습니다] 인간의 삶을 환원론적 관점으로 공격하고, 세상의 모든 것을 설명할 수 있다고 오만한 주장을 한다고 혹평합니다. 그리고 과학의 "정체 폭로 정신"[5] 과 "불가사의한 것을 파헤치는 행위"[6]에 대해 말합니다. 객관적 과학이 말하는 물질주의적 세계는 인간의 영혼이 머물기에는 그 공간이 "턱없이 부족"합니다.[7] 초월성이 없다면 "인간은 이내 사라지고 마는 존재"입니다.[8]

사실 로작의 말은 예수님의 말씀을 반복한 것에 지나지 않습니다. 예수님은 신명기를 인용하여 사람이 "먹는 것으로만 사는 것이 아니라"(신명기 8:3; 마태복음 4:4)고 하셨습니다. 다시 말해 우리는 먹을 것이 필요한 물질적 육체 이상의 존재입니다. 우리는 하나님이 필요한, 즉 초월성이 필요한 영적 존재입니다.

이러한 세속주의에 대한 환멸과 초월성의 상실에 대해서 몇 가지 예를 더 들어 보겠습니다. 저명한 사회학자 피터 버거는, 현대 사회에 나타나는 신비주의적 경향은 "근대의 의식이 초월성을 억압한 결과로 이해해야 한다"는 "단순한 가설"을 제시했습니다.[9] 「인디펜던트」의 환경 특파원인 리처드 노스는 "너무도 많은 사람이, 숭배할 수 있는 어떤 것을 찾아다닌다.…우리는 하나님과의 사랑에서 벗어나는 것의 연장으로, 그리고 그 사랑을 대신으로 환경과 사랑에 빠지고 있다"고 고백합니다.[10] 더 놀라운 것은 A. N. 윌슨의 말입니다. 그는 이제는 "어떤 형식적인 종교에도 얽매이지 않겠다"고 단언하면서도 (그는 종교를 "한물 간 미신과 속임수의 조합"이라고 봅니다), 자신에게 여전히 "강한 종교적 충동"이 있음을 인정하며 "사물의 신비 앞에서 알 수 없는 겸허함"을 느끼게 된다고 말합니다.[11]

그러나 이러한 개인들의 고백보다도 더 놀라운 것은 마르크스주의의 몰락입니다. 트레버 비슨은 "공산주의의 기본 사상은, 지식 계급이나 무산 계급 그 어느 쪽도 납득시키거나 만족시킨 적이 없다"고 기록했습니다.[12] 솔제니친이 '증기 롤러'라고까지 표현한 공산주의도 인간의 영혼과 초월성에 대한 추구를 붕괴시키지는 못했습니다.[13]

이렇게 초월성이 사라진 모든 곳에서 사람들은 그 회복을 갈망하고 있습니다. 사람들은 환각을 일으키는 약물과 소위 '고차원적 의식'이라고 불리는 것들을 통해서 초월성을 추구합니다. 또한 공상 과학의 환상을 통해서, 음악과 여러 예술을 통해서, (맬컴 머거리지가 '유물론자의 신비주의'라고 부른) 섹스를 통해서, 요가와 그 외 다른 동양 종교의 표현들을 통해서 초월성을 추구합니다.

최근의 종교 경향 중에서 가장 주목할 만한 것은 아마도 서구에서 일어난 뉴에이지 운동일 것입니다. 뉴에이지 운동은 종교와 과학, 물리학과 형이상학, 고대 범신론과 진화론적 낙관주의, 점성학, 심령술, 윤회론, 생태학과 대체 의학을 비롯한 다양한 신념들을 모아 놓은 기괴한 집합체입니다. 이 운동의 지도자 중 한 사람인 데이비드 스팽글러는 『출현: 신성함의 부활』의 저자인데,[14] 그 책에서 자신이 "아주 어렸을 때부터" 자기 주변의 세계에 "또 다른 차원이 있다는 것을 의식하였고" 자라면서 그 차원이 "신성한 혹은 초월적인 차원"임을 밝혀냈다고 썼습니다. "신성한 것에 대한 감각의 부활이 뉴에이지의 핵심이다"라고 그는 말합니다.[15]

뉴에이지 현상과 초월성을 추구하는 다른 모든 양상들을 대하는 그리스도인은 일단 그것을 이해해야 합니다. 현재 일어나고 있는 현상을 파악하고 있어야 하기 때문입니다. 아테네의 철학자들 앞에서 아테네 시민들의 극단적인 종교성에 대해 이야기했던 사도 바울은 그들의 종교성을 하나님을 찾는 것(사도행전 17:27), 즉 어둠 속에서 창조주를 더듬어 찾는 것이라 설명했습니다.

게다가 그리스도인들은 이러한 추구가 오직 예수 그리스도만이 만족시킬 수 있는 인간의 기본 열망이라고 믿습니다. 비록 죄가 우리를 하나님과 멀어지게 했지만, 그리스도는 우리를 하나님과 화해시키기 위해서 우리 죄를 대신 지고 죽으셨기 때문입니다(베드로전서 3:18). 그리고 일단 그리스도를 통해서 하나님과 화해하고 나면 모든 것이 변합니다. 우리는 날마다 하나님과 함께 걷게 됩니다. 우리는 하나님의 임재 속에 살게 됩니다. 하나님이 성경을 통해서 하시는 말씀을 듣는 것이 자연스러운 일이 되며, 우리가 기도로 하나님께 이야기하는 것도 자연스러워집니다. 기독교 제자도의 기초는 하나님과 개인적인 관계를 형성하는 것이기 때문입니다. 하나님은 이제 우리 삶의 위대한 실재가 됩니다.

그리고 (일요일을 지칭하는 신약성경의 표현인) 주일에 우리는 다 함께 경외감과 사랑과 경탄과 기쁨이 혼합된, 예배라는 의식을 통해 하나님 앞에 엎드립니다. 우리가 하나님을 만나러 나아갈 때 하나님은 우리를 만나러 오십니다. 두세 사람이 자신의 이름으로 모인 자리에 자신도 함께 있다고 하신 예수님의 약속(마태복음 18:20)에 따라 하나님은 그 가운데 계십니다. 하나님은 또한 (낭독과 강해를 통해 들려지는) 자신의 말씀을 통해서, 그리고 (용서의 약속을 극적으로 생생히 보여 주는 빵과 포도주의) 성만찬을 통해서 자신을 알리십니다. 실제로 기독교의 공적 예배는 기독교 체험의 극치이자 절정입니다. 물론 늘 그렇지는 않습니다. 때로 교회의 예배가 실재 없는 의식에 불과할 때도 있습니다. 그러나 예수님은 그러한 형식주의를 비난하셨습니다. 선지자 이사야의 말(29:13)을 인용하시며 예수님은 이렇게 말씀하셨습니다. "이 백성은 입술로는 나를 공경해도, 마음은 내게서 멀리 떠나 있다"(마가복음 7:6). 그러나 예배가 살아 있을 때, 우리의 마음과 생각은 시간과 공간을 넘어 하나님을 예배하며 이 지구와 하늘에 있는 모든 교회와 하나가 됩니다. 그럴 때 우리는 야곱이 "주님께서 분명히 이곳에 계[신다]"(창세기 28:16)고 말한 의미를 알게 되며, 때로는 그 자리에 참석하는 불신자들도 "참으로 하나님께서 여러분 가운데 계십니다"(고린도전서 14:24-25)라고 말하며 무릎을 꿇고 우리와 함께 예배 드릴 것입니다.

초월성을 추구하는 많은 현대인들이 그리스도와 그분의 교회 대신에, 약물과 섹스와 요가와 이교 의식과 뉴에이지에 의지하는 것에 대해 저는 크나큰 슬픔을 느낍니다. 그리스도의 교회에서 드리는 예배는 진정한 초월성을 늘 체험할 수 있는 것이어야 하며, 살아 계신 하나님과의 친밀한 만남을 누릴 수 있는 것이어야 합니다.

인간은 의미를 추구합니다

현대 사회는 초월성에 대한 인간의 감각을 질식시킬 뿐만 아니라, 개인의 중요함에 대한 인식과 인생에 의미가 있다는 믿음을 축소시키기도 (심지어 파괴하기도) 합니다. 이것에 대해서는 세 가지 경향을 지적할 수 있겠습니다.

첫째, 기술의 영향입니다. 물론 기술로 사람들이 가사 노동과 산업 노동의 단조로운 고역에서 자유롭게 된다는 점에서 해방의 효과가 있습니다. 그러나 동시에 그것은 무시무시할 정도로 비인격적인 결과를 초래합니다. 사람들은 자신이 더 이상 인격체가 아닌, "'자신의 이름'으로 신원이 확인되지 않고, 컴퓨터를 통해 정보를 교환하게 되어 있는 카드에 찍힌 (혹은 우리가 쓰는 표현대로, 바코드로 전환된) 일련의 번호로 확인되는"[16] 사물이라고 느끼게 됩니다.

둘째, 과학적 환원주의입니다. 다양한 분야의 일부 과학자들은 인간이 동물에 불과하다고(정확하게 말해서 데즈먼드 모리스는 인간을 '털 없는 원숭이'라고 했습니다) 혹은 외부의 자극에 자동으로 반응하게 설계된 기계에 불과하다고 주장해 왔습니다. 바로 이러한 주장들에 대해서 도널드 맥카이 교수는 nothing buttery('…에 불과하다'라는 말의 영어 표현은 nothing but이다. 'nothing buttery' 식 사고란, 세상을 신이 배제된 채 원자 등의 미립자로만 구성된 실체에 불과하다고 생각하는 것을 말한다-옮긴이)라는 표현을 만들어 대중화시켰는데, 이 표현을 통해 그는 '환원주의'의 의미를 설명하고, 인간을 온전한 인격체 이하의 수준으로 비하시키는 모든 경향에 대항하고자 했습니다.

분명 우리의 두뇌는 기계적이고 매우 정교하게 구성되어 있습니다. 그리고 우리의 해부학적 구조와 생리적 기능은 동물의 것과 같습니다. 그러나 이것이 우리의 인간다움을 전부 설명하는 것은 아닙니다. 우리에게는 몸과 두뇌 이상의 것이 있습니다. 사람들이 인간을 이것 혹은 저것에 '불과하다'고 단언할 때 그들은 심각하고도 위험한 잘못을 범하게 됩니다.

셋째, 실존주의의 영향으로 인생의 의미에 대한 감각이 축소됩니다. 급진적 실존주의자들은 일반적으로 무신론을 진지하게 받아들이고 그 엄청난 결과에 직면하기로 결심한다는 점에서 인본주의자들과 다릅니다. 4장에서 살펴보았듯이, (그들의 관점에서는) 하나님은 죽었고, 따라서 모든 것이 하나님과 함께 죽었습니다. 하나님이 없기 때문에 가치나 이상도 없고, 도덕률이나 기준도 없고, 목적이나 의미도 없습니다. 그리고 비록 내가 존재하지만 내 존재에 의미를 더하는 것은 아무것도 없습니다. 혹 존재할 용기를 추구하겠다는 나 자신의 결심을 제외한다면 말입니다. 오직 나 자신의 무의미함을 경멸함으로 비로소 의미를 찾게 됩니다. 나 자신의 진정성을 증명할 다른 방법이 없는 것입니다.

이러한 철학이 절망 속의 영웅주의처럼 들릴지는 모르나, 자신이 아무 의미도 없는 것을 알면서도 의미 있는 체하는 마술 같은 책략을 쓸 수 있는 사람은 드물 것입니다. 의미는 생존의 기본 요건이기 때문입니다.

빅터 프랭클은 청년 때 아우슈비츠 수용소에서 3년을 보내면서 다음과 같은 점을 발견했습니다. 그는 역경을 견딜 확률이 가장 높은 수용자는 "자신이 완수해야 할 임무가 있음을 아는 사람들"[17]이라는 것을 알게 되었습니다. 그는 니체의 주장을 인용하면서 "왜 살아야 하는지를 아는 사람은 어떻게 해서라도 거의 모든 상황을 견딜 수 있다"고 말합니다.[18]

훗날 프랭클은 비엔나 대학의 정신 의학 및 신경 의학 교수가 되었고 소위 제3차 '정신 의학 비엔나 학파'라는 것을 창설했습니다. 그는 프로이트의 '쾌락에의 의지'와 아들러의 '권력에의 의지'에 이어서, 인간에게는 '의미에의 의지'가 있다고 주장했습니다.[19] 실제로 "삶에서 의미를 찾으려는 노력은 인간이 가진 가장 강력한 원동력"입니다.[20]

그래서 그는 '로고테라피'라는 것을 개발하였는데, 여기서 그가 사용한 '로고스'*logos*라는 단어는 '말' 혹은 '이성'이 아니라 '의미'를 뜻합니다. "오늘날 대량으로 발병하는 신경증은 실존적 진공 상태에서 오는 것"이라고 그는 기록하였습니다.[21] 여기서 실존적 진공 상태란 인생에 의미가 있다는 인식을 잃어버렸다는 말입니다. 그는 때로 자기 환자들에게 "왜 자살하지 않습니까?"라고 물었습니다(의사가 묻는 질문치고는 좀 이상하지요!). 그러면 그들은 자신의 인생을 의미 있게 해주는 무엇(자신의 일이나 결혼 생활이나 가족 같은 것)이 있다고 대답했습니다. 그러면 프랭클 교수는 바로 그 대답을 가지고 치료를 시작했습니다.

무의미함은 권태와 알코올 중독과 청소년 범죄와 자살로 이어집니다. 빅터 프랭클의 작업을 평가하면서 아더 쾨슬러는 이렇게 썼습니다.

의미 충족과 가치 실현을 추구하는 것은 인간의 타고난 성향이다.…수천 수만 명의 젊은 학생들이 가치의 존재를 부인하는 가르침을 받고 있다. 그 결과 전 세계적으로 동일한 현상이 일어나는데, 점점 더 많은 환자들이 내적 공허감, 인생의 전적인 그리고 궁극적인 무의미함에 대한 느낌을 호소하며 병원을 가득 채우는 현상이다.[22]

에밀 뒤르켐의 자살에 대한 권위 있는 연구에 의하면 자살의 가장 큰 원인은 '아노미'입니다. 여기서 아노미는 '규범 없음' 혹은 '의미 없음' 등으로 해석할 수 있습니다. '아노미로 인한' 자살은 인생에 목적이 없거나, 혹은 권력이든 성공이든 명성이든 자신이 성취할 수 없는 목표를 추구할 때 일어납니다. "자신의 욕구와 그것을 충족시킬 수 있는 수단이 적절히 비례하지 않는다면 그 어떤 인간도 행복할 수 없으며 심지어 존재할 수도 없습니다."[23]

이제 저는 예수 그리스도가 이 두 번째 기본적 열망을 충족시킬 수 있다고 과감히 주장하려 합니다. 예수님은 우리에게 인격적 의미를 부여해 주시는데 이는 우리가 누구인지를 말씀해 주시기 때문입니다. 우선 그분은 우리가 이미 살펴본 구약성경의 위대한 주장을 그대로 이어받으시고, 선포하셨습니다.

> 하나님이 당신의 형상대로 사람을 창조하셨으니,
> 곧 하나님의 형상대로 사람을 창조하셨다.
> 하나님이 그들을 남자와 여자로 창조하셨다(창세기 1:27).

4장에서 살펴보았듯이, 이 말은 창조주가 우리에게 하나님을 닮게 하고 동물과는 구분되게 하는 이성적, 도덕적, 사회적, 영적 기능을 부여하셨다는 뜻입니다. 인간은 하나님과 같은 존재이며, 인간 안에 있는 하나님의 형상은 비록 손상되기는 했지만 파괴되지는 않았습니다. 그래서 예수님은 우리의 가치에 대해서 말씀하실 때 우리가 양이나(마태복음 12:12) 많은 참새들보다(마태복음 10:31; 누가복음 12:24) 훨씬 더 귀하다고 하셨습니다.

예수님은 그것을 가르치셨을 뿐만 아니라, 직접 보여 주셨습니다. 예수님의 사역 전체가 그분이 사람에게 부여한 가치를 나타내 줍니다. 그분은 남자든 여자든, 어린아이든 어른이든, 죄인이든 의인이든, 모든 사람을 존중하셨습니다. 잃어버린 단 한 마리의 양을 찾으시며 위험과 죽음을 무릅쓰시는 선한 목자셨기 때문입니다. 그래서 예수님은 의도적으로 그리고 자발적으로 양들을 위해 자기 목숨을 내어 놓고자 십자가를 지셨습니다. 그리스도의 십자가만큼 인간의 의미를 확신시키는 것은 없습니다. 윌리엄 템플 대주교는 이렇게 표현했습니다. "내 가치는 내가 하나님께 얼마나 가치 있는 존재인가로 가늠되며, 그 가치는 어마어마한데 왜냐하면 그리스도가 나를 위해 죽으셨기 때문입니다."[24]

인간의 존엄과 가치에 대한 기독교의 가르침은 오늘날 우리 자신의 자아상과 자기 존중을 위해서뿐만 아니라 사회 복지를 위해서도 매우 중요합니다. 인간의 가치가 평가절하될 때 사회의 모든 것이 왜곡됩니다. 자유와 위엄과 기쁨도 사라집니다. 인간적이지 못한 삶은 더 이상 살 만한 가치가 없는 것 같아 보입니다. 그러나 인간이 인격체로 존중받을 때, 인간이 가진 본질적 가치 때문에 모든 것이 달라지게 됩니다. 왜 그렇겠습니까? 사람은 소중하기 때문입니다. 남녀노소를 막론하고 모든 사람에게는 하나님의 형상으로 만들어진 인간으로서의 가치와 의미가 있기 때문입니다.

인간은 공동체를 추구합니다

초월성과 의미를 축소시키고 심지어 파괴하는 기술관료주의 사회는 인간의 공동체에도 파괴적인 영향을 미칩니다. 오늘날은 사회적으로 해체가 일어나는 시대이며 서구 사회는 더욱 그렇습니다. 사랑 없는 이 세상에서 사랑을 찾는 것이 더욱 어려워지고, 사람 간에 관계를 맺는 것도 힘들어졌습니다. 저는 이러한 현상의 증거로서, 배경이 매우 다른 세 사람을 제시하고자 합니다.

먼저 버트런드 러셀부터 시작하는 것이 옳은 듯합니다. 그가 기독교를 거부한 것이 이 책을 쓰게 된 계기가 되었으니 말입니다. 그는 자서전의 서문에 다음과 같이 감동적이고 솔직한 이야기를 적었습니다.

단순하지만 압도적으로 강한 세 가지 열정이 내 삶을 이제껏 지배했다. 즉 사랑에 대한 갈망과 지식의 추구 그리고 고통받는 인류에 대한 견딜 수 없는 연민이다. 이 열정들은 세찬 바람처럼 나를 몰아쳐서, 나로 하여금 이리저리 휘청거리며 정처 없이 다니게 했고, 깊은 번민의 바다를 넘어 절망의 경계에까지 이르게 했다. 나는 사랑을 추구했는데, 첫째는 사랑이 희열을 가져다주기 때문이요…둘째는 사랑이 외로움을 덜어 주기 때문이다. 그 끔찍한 외로움 속에서 전율하는 우리 의식은 세상의 가장자

리 너머, 차갑고 깊이를 알 수 없고 생명이 없는 심연 속을 들여다본다….[25]

저의 두 번째 증인은 테레사 수녀입니다. 알바니아인 혈통으로 유고슬라비아에서 태어난 테레사 수녀는 불과 열일곱의 나이에 인도로 갔습니다. 그리고 그곳에서 20여 년간 교사로 일하다가, 콜카타의 극빈자들을 섬기기 위해 그 일을 그만두고 1948년에 인도 시민이 되었습니다. 따라서 60년은 족히 넘게 인도는 그녀의 본거지가 되었고 그녀의 주장과 비전은 제3세계의 주장과 비전이었습니다. 테레사 수녀는 서구에 대해서 다음과 같이 썼습니다.

오늘날 사람들은 사랑에 굶주려 있고, 사랑을 이해하려고 애씁니다. 사랑은…외로움과 가난에 대한 유일한 해답입니다. 그래서 우리들 [즉 테레사 수녀가 소속된 수도회의 형제 자매들]은 영국과 미국과 호주처럼 식량이 부족하지 않은 나라에도 갈 수 있습니다. 그곳의 사람들은 엄청난 외로움과 엄청난 절망과 엄청난 증오, 아무도 자신을 필요로 하지 않는다는 느낌, 무력감, 희망의 상실 등으로 고통받습니다. 그들은 웃음을 잃어버렸고, 인간과의 접촉이 얼마나 아름다운지를 잊어버렸습니다. 그들은 인간의 사랑이 무엇인지를 잊어 가고 있습니다….[26]

서구 세계에 대한 이러한 평가를 처음 읽었을 때 저는 다소 분개하며 과장된 표현이라고 생각했던 기억이 납니다. 그러나 그 후로 저는 생각을 바꾸었습니다. 적어도 일반적 차원에서는 위의 지적이 정확하다고 생각합니다.

세 번째 증인은 우디 앨런입니다. 작가이자 감독 그리고 배우로서 칭송받는 재능 있는 인물이지만, 자기 자신에 대해서뿐만 아니라 다른 어떤 사람에 대해서도 제대로 알지 못하는 듯합니다. 자신의 영화 "맨해튼"에서 그는 사람들이 "비둘기나 가톨릭 신자들처럼 번식을 위해 짝짓기를 해야 한다"고 빈정거리는 투로 말하지만 정작 자신은 그렇게 하지 않습니다. 그는 자신의 모든 영화가 "난제 중의 난제인 바로 그 사랑의 관계를 다루고 있다"고 말합니다. "모든 사람이 그 문제에 부딪히게 된다. 사람들은 사랑에 빠져 있거나, 사랑에 빠지려 하거나, 사랑이 식어 가거나, 사랑을 찾고 있거나 사랑을 피할 길을 찾고 있다."[27] 그의 전기를 쓴 작가는 그에 대한 설명을 다음과 같이 마무리하고 있습니다. "그는 우리 모두가 그러하듯, 사랑 위에 인생을 세울 힘을 찾기 위해 분투한다. 영화 "한나와 그 자매들"에 나오는 인물의 말대로 '어쩌면 시인들이 옳은지도 모른다. 어쩌면 사랑이 유일한 해답인지도 모른다…'"[28]

이렇게 성장 배경과 신조와 기질과 경험이 매우 다른 세 사람 모두가 사랑이 그 무엇보다 중요하다는 데 동의합니다. 이들은 인류를 대변합니다. 우리 모두는 사랑이 우리 인간성에 없어서는 안 되는 요소임을 본능적으로 압니다. 인생은 결국 사랑에 대한 것입니다.

그래서 사람들은 곳곳에서 사랑을 찾습니다. 적어도 1960년대부터 일부의 사람들이 서구의 개인주의를 깨고 나와 공동생활 양식을 실험합니다. 어떤 사람들은 (서구의 전형적인) 핵가족을 (아시아와 아프리카의 오랜 전통인) 확대 가족으로 대체하려고 애씁니다. 또 다른 사람들은 자유롭고 자발적인 사랑을 찾기 위해 (그리스도인들은 이것이 헛된 것임을 믿지만) 결혼과 가족이라는 오랜 제도를 거부합니다. 이렇게 모든 사람이 참된 공동체와 진정한 사랑의 관계를 찾고 있는 듯합니다. 앤드류 로이드 웨버가 지은 "사랑의 모습"이라는 노래 가사는 다음과 같습니다. "사랑, 사랑이 모든 것을 바꾸네."

기독교는 오직 예수 그리스도만이 인간의 세 번째 열망인 사랑에 대한 갈망을 충족시킬 수 있다고 진지하게 주장합니다. 물론 기독교 공동체 밖에는 사랑이 없다고 주장하지는 않습니다. 기독교 공동체 밖에서도 사랑이 부모와 자식, 형제와 자매, 남편과 아내의 관계를 묶어 줍니다. 그러나 사랑에는 그리스도에게서 흘러나오는 좀더 깊은 차원이 있습니다. 사도 요한이 자신의 첫 번째 편지에서 썼듯이 "그리스도께서 우리를 위하여 자기 목숨을 버리셨습니다. 이것으로 우리가 사랑을 알게 되었습니다." 다시 한번 말하면, "사랑은 이 사실에 있으니, 곧 우리가 하나님을 사랑한 것이 아니라, 하나님이 우리를 사랑하[신]" 것입니다(요한일서 3:16; 4:10).

안타깝게도 이러한 이상에 턱없이 못 미치는 기독교 공동체와 그리스도인이 많지만, 이상적이고 아름답게 교제를 나누는 사람들도 있습니다. 그런 사람들은 하나님의 목적이 단지 고립된 개인들을 구원해서 외로움을 지속시켜 가는 것이 아니라, 새로운 방식으로 살아가는 새로운 사회, 새로운 가족, 심지어 새로운 인류를 세우는 것임을 보여 줍니다. 스티븐 닐 주교가 이를 잘 표현했습니다.

> 예수 그리스도에 대한 개인적 충성으로 묶인 사람들의 교제는 다른 곳에서는 볼 수 없는 친밀하고도 질긴 사랑의 관계에 도달하게 된다. 나사렛 예수의 친구가 된 사람들이 나누는 우정은 다른 어떤 우정과도 다르다. 이것이 기독교 공동체의 통상적 경험이 되어야 한다.…이러한 사랑을 경험할 수 있는 곳, 특히 인종과 국적과 언어의 장벽을 넘어 경험할 수 있는 곳에서 우리는 예수님이 사람들 사이에서 계속 일하고 계신다는 가장 강력한 증거를 보게 된다.[29]

지금까지 논의한 것이 바로 모든 인간이 하는 세 가지 추구입니다. 이런 식으로 표현하지는 않는다 해도, 사람들은 초월성을 추구함으로 하나님을 찾고, 의미를 추구함으로 자기 자신을 찾으며, 공동체를 추구함으로 자기 이웃을 찾는다고 저는 생각합니다. 이것이 바로 인류의 보편적 추구입니다. 사람은 하나님을 추구하고, 이웃을 추구하고, 자기 자신을 추구합니다.

또한 기독교는 찾는 자가 찾을 것이라고 주장하며(이 주장이 확신에 찬 것이기는 하지만, 그 태도는 겸손한 것이기를 바랍니다), 그리스도 안에서 그리고 그분의 새로운 공동체 안에서 찾게 되리라고 말합니다. 왜냐하면 그리스도는 우리를 하나님과 화해시키기 위해 죽으셨고, 자신의 삶과 죽음을 통해서 우리의 근본적 가치를 보여 주셨고, 우리를 자신의 새로운 사회로 이끄시기 때문입니다. 이렇게 예수님이 인간의 열망을 실현시켜 주시고, 그럼으로써 우리를 풍성한 삶으로 이끄신다는 것이 제가 그리스도인인 또 하나의 이유입니다.

수고하며 무거운 짐을 진 사람은 모두 내게로 오너라.
내가 너희를 쉬게 하겠다. 나는 마음이 온유하고 겸손하니,
내 멍에를 메고 나한테 배워라. 그리하면 너희는 마음에
쉼을 얻을 것이다. 내 멍에는 편하고, 내 짐은 가볍다.

_마태복음 11:28-30

7장
가장 위대한 초대

식사든 파티든, 혹은 콘서트나 결혼식이든 우리는 모두 어딘가에 초대받길 좋아합니다. 보통 초대장 맨 밑에 보면 무슨 암호처럼 RSVP라는 글씨가 인쇄되어 있습니다. 서구 문화에서 자란 사람들은 그 글자가 무엇을 의미하는지 아는데, 그것은 '참석 여부를 알려 주십시오'*Répondez s'il vous plait*라는 뜻을 가진 불어 문장의 약어입니다.

그러나 모든 사람이 이 말의 의미를 아는 것은 아닙니다. 제2차 세계대전 발발 직전에 동유럽을 빠져나와 영국으로 망명한 어느 부부의 이야기가 있습니다. 그들은 서구 문화에 대해서 잘 알지 못했습니다. 그래서 RSVP라는 글자가 쓰인 결혼식 초대장을 받았을 때 그들은 어리둥절했습니다. 남편이 억센 동유럽 억양으로 말했습니다. "여보, 이 RSVP가 무슨 뜻이오? 무슨 말인지 모르겠구려." 그리고 한참을 생각하더니 갑자기 영감이 떠오른 듯 말했습니다. "여보, 무슨 뜻인지 알겠소. '잊지 말고 결혼 선물 보내 주세요'라는 뜻이오"
[동유럽 언어는 w를 v로 발음한다. 따라서 동유럽 억양을 가진 남편은 결혼식 wedding도 vedding로 발음하게 된다. 그래서 RSVP를 Remember Send Vedding Present로 해석한 것이다—옮긴이].

그 부부는 초대장을 청구서라고 생각했던 것입니다. 오늘날 많은 사람들이 예수 그리스도와 복음에 대해서 같은 실수를 범합니다. 그들은 이것이 대가 없는 초대, 사실상 우리 생애에 가장 위대한 초대라는 사실을 간과합니다. 그 핵심은 이렇습니다. "수고하며 무거운 짐을 진 사람은 모두 내게로 오너라. 내가 너희를 쉬게 하겠다"(마태복음 11:28).

이 말씀은 분명 예수님이 하신 말씀 중에 가장 호소력이 있는 말씀일 것입니다. "많은 무리가 예수의 말씀을 기쁘게" 듣고, "그의 입에서 나오는 그 은혜로운 말씀에 놀[란]"(마가복음 12:37; 누가복음 4:22) 것은 당연합니다. 자신에게로 오라는 예수님의 초대는 음악가들과 예배학자들, 그리고 예술가들의 영원한 주제가 되었습니다. 헨델은 자신의 오라토리오 "메시아" 가운데 잘 알려진 아리아 한 곡에서 예수님의 말씀과 이사야의 예언을 훌륭하게 융합시켰습니다. "그가 목자처럼 자기 양떼를 먹일 것이라. 그에게로 오라." 16세기에 토머스 크랜머는 쾰른의 헤르만 대주교의 독일어 전례문에 나오는 예수님의 초대 부분을 자신의 개정판 기도서에 통합시켰습니다. 그래서 이후에 성공회 신도들은 1662년 기도서에 따라 성만찬 예배를 드릴 때마다 "진심으로 그를 향하는 모든 사람에게 구세주 그리스도께서 하시는 위로의 말씀", 즉 "수고하며 무거운 짐을 진 사람은 모두 내게로 오너라. 내가 너희를 쉬게 하겠다"는 초대의 말씀을 듣습니다. 또 하나의 예로 20세기 초 종교 화가이자 성경 삽화가 해럴드 코핑을 들 수 있습니다. 그는 예수님이 서 계신 언덕 아래 수많은 무리가 모인 그림을 그렸는데, 예수님의 팔은 환영하는 자세로 활짝 벌려 있고 그 밑에는 '나에게로 오라'는 단순한 표제가 적혀 있습니다.

1996년에 저는 친구들이 준 75세 생일 선물로, 포클랜드섬에서 동쪽으로 1,300km 정도 떨어진 곳에 있는 남대서양의 사우스조지아섬에 갈 행운을 얻었습니다. 우리 일행은 노르웨이 소유로 지금은 폐쇄된 고래잡이 항구인 그리트비켄에 내렸는데, 그곳은 영국의 위대한 탐험가 어니스트 섀클턴이 묻힌 곳이었습니다. 근처에는 최근에 보수된 자그마한 루터 교회가 임금펭귄과 해마에 둘러싸여 있었습니다. 열린 교회 문안으로 제가 무엇을 보았겠습니까? 교회의 동쪽 벽에는 노르웨이어로 된 예수님의 그 초대 말씀이 새겨져 있었습니다. "수고하며 무거운 짐을 진 사람은 모두 내게로 오너라. 내가 너희를 쉬게 하겠다."

"내게로 오너라"는 이 문장이 들어 있는 본문에서 가장 유명한 부분입니다. 그러나 그 말씀은 여섯 개의 구절로 이루어진 하나의 문단에 속해 있기 때문에 전체적인 맥락에서 읽어 보아야 합니다. 이 본문은 자기 자신에 대한 예수님의 주장 두 가지와 우리를 향한 초대 두 가지로 구성되어 있습니다. 따라서 그 주장을 고려해 보고 받아들이기 전에는 예수님의 초대에 응할 수 없습니다. 예수님은 이렇게 말씀하셨습니다.

"하늘과 땅의 주님이신 아버지, 이 일을 지혜 있고 똑똑한 사람들에게는 감추시고, 어린아이들에게는 드러내어 주셨으니, 감사합니다. 그렇습니다. 아버지, 이것이 아버지의 은혜로운 뜻입니다. 내 아버지께서 모든 것을 내게 맡겨 주셨습니다. 아버지밖에는 아들을 아는 이가 없으며, 아들과 또 아들이 계시하여 주려고 하는 사람밖에는 아버지를 아는 이가 없습니다. 수고하며 무거운 짐을 진 사람은 모두 내게로 오너라. 내가 너희를 쉬게 하겠다. 나는 마음이 온유하고 겸손하니, 내 멍에를 메고 나한테 배워라. 그리하면 너희는 마음에 쉼을 얻을 것이다. 내 멍에는 편하고, 내 짐은 가볍다"(마태복음 11:25-30).

두 가지 주장

이 두 가지 주장 모두 가장 중요한 주제, 즉 하나님을 아는 지식에 대한 것입니다. 인간이 하나님을 아는 것, 혹은 피조물이 자신의 창조자를 아는 것이 가능할까요? 만약 가능하다면, 어떻게 알 수 있을까요? 예수님은 아버지께서 "이 일을 지혜 있고 똑똑한 사람들에게는 감추시고, 어린아이들에게는 드러내어 주셨으[며]…아버지밖에는 아들을 아는 이가 없으며, 아들과 또 아들이 계시하여 주려고 하는 사람밖에는 아버지를 아는 이가 없[다]"고 말씀하심으로써 이 문제를 정면으로 다루십니다. 두 가지 주장 모두에 공통되는 단어는 동사 '드러내다'(계시하다)임을 우리는 단번에 알 수 있습니다. 이 말의 함의는 예수님이 먼저 드러내시지 않으면 하나님을 알 수가 없다는 것입니다.

첫째, 하나님은 오직 예수 그리스도에 의해 계시됩니다. 27절의 두 번째 말씀을 직접 보면 이해에 도움이 될 것입니다. "아버지밖에는 아들을 아는 이가 없으며, 아들과 또 아들이 계시하여 주려고 하는 사람밖에는 아버지를 아는 이가 없습니다." 즉 오직 예수님만이 하나님을 아시며, 따라서 오직 예수님만이 하나님을 알려 주실 수 있습니다. 당연히 이 말의 의미는, 하나님은 예수 그리스도 안에서 완전히 그리고 궁극적으로 드러난다는 것입니다. 그렇다고 그 외의 사소한

계시가 없다는 말은 아닙니다. 예를 들어, 창조된 우주의 질서 잡힌 아름다움 속에서, 인간 양심의 도덕적 요구 속에서, 그리고 역사의 발전 속에서 하나님은 부분적으로 드러납니다. 그러나 비록 창조된 우주가 하나님의 영광을 드러내고, 인간의 양심이 하나님의 의를 드러내고, 역사가 하나님의 섭리와 능력을 드러낸다고 할지라도, 소외되고 길을 잃은 인간에 대한 하나님의 사랑과, 우리들을 구해 내고 자신과 화해시키려는 하나님의 계획을 말해 주는 이는 나사렛 예수 외에는 없습니다.

앞에서도 살펴보았듯이, 이것이 바로 예수님의 주장입니다. 그렇기 때문에 기독교 진리에 대한 모든 탐구는 역사 속의 실존 인물이었던 예수님을 탐구하는 것에서 시작되어야 합니다. 무엇보다 우리를 무력하게 하는 것은 예수님이 이 엄청난 주장을 겸손하고 조용하게, 그러나 자신 있게 개진하셨다는 점입니다. 거기에는 자랑이나 과시나 허세가 전혀 없었습니다. 예수님의 태도에는 전혀 꾸밈이 없었습니다. 그러나 예수님은 감히 "하늘과 땅의 주님"(모든 것을 창조하시고 보존하시는 분)을 아버지라 부르시고, 자기 자신을 그 아버지의 아들(25절), 사실상 절대적인 의미에서의 '그 아들'이라고 부르시며, 아버지가 모든 것을 자신에게 맡겨 주셨다고(즉, 자신이 우주의 상속자라고) 말씀하십니다. 그리고 마지막으로 오직 자신만이 아버지를 아는 것처럼 오직 아버지만이 자신을 안다고 주장하십니다. 다른 사람들에게는 예수님이 불가해한 인물이라는 것입니다. 따라서 하나님과 예수님 사이에는 다른 어떤 관계와도 비교할 수 없는 상호 관계가 존재합니다. 이것이 바로 예수님의 복합적 주장입니다. 그것은 참으로 놀라운 것입니다. 도덕적으로 정직하고 건전하며 균형 잡힌 사람 중에서 감히 이러한 주장을 한 사람은 결코 없었습니다.

예수님의 두 번째 주장은 하나님은 오직 어린아이들에게만 계시된다는 것입니다. 25절과 26절을 봅시다. "그때에 예수께서 이렇게 말씀하셨다. '하늘과 땅의 주님이신 아버지, 이 일을 지혜 있고 똑똑한 사람들에게는 감추시고, 어린아이들 nēpioi(아기들)에게는 드러내어 주셨으니 감사합니다. 그렇습니다. 아버지, 이것이 아버지의 은혜로운 뜻입니다.'"

여기서 예수님이 말씀하신 '아기들'은 나이가 어린 사람이 아니라, (나이가 어떠하든) 겸손하고 어린아이 같은 사람들을 말합니다. 예수님의 표현으로 '아기들'이란 진실하고 겸손한 추구자들을 말합니다. 그 외의 사람들에게는 하나님이 적극적으로 자기 자신을 감추신다고 예수님은 말씀하셨습니다.

이 말을 오해하지 마시기 바랍니다. 이것은 일부러 모호하게 해서 진실을 알지 못하게 하려는 수법이 아닙니다. 자기 머리만 숨으면 다 숨은 것으로 아는 타조처럼 모래 속에 머리를 박으라는 말이 아닙니다. 지성을 죽이거나 사고의 중요성을 부인하려는 뜻은 전혀 없습니다. 오히려 우리는 "생각하는 데는 아이가 되지 [말고]" 어른이 되라는 요청을 받고 있습니다(고린도전서 14:20).

이 말은 단순히 인간 지성의 한계를 인정하라는 뜻입니다. 하나님을 찾을 때 인간의 지성은 그분의 깊이에 빠져 무기력하게 허우적댈 뿐입니다. 무한한 하나님의 존재에 비해 유한하고 보잘것없는 우리의 지성은, 비록 경험 과학에서는 놀라운 업적을 이루었지만 하나님을 발견하는 데는 전적으로 무능합니다.

그러므로 우리가 코에 안경을 걸치고 거만하게 단상에 올라서서 하나님을 유심히 살피고 비판해 대며 이성의 자율성을 주장한다면 결코 하나님을 찾지 못할 것입니다. 하나님을 그렇게 취급하는 것은 부당하거니와 생산적이지도 않습니다. 예수님의 말씀에 의하면 하나님은 그런 사람들에게는 자신을 적극적으로 숨기시기 때문입니다.

그러나 만약 우리가 거만한 단상에서 내려와 하나님 앞에 자신을 겸손하게 낮추고, 스스로는 하나님을 찾을 수 없다고 고백한다면, 공손하게 무릎 꿇고 어린아이 같은 열린 마음으로 복음서에 나오는 예수님의 이야기를 읽는다면, 하나님은 이런 사람들에게 자신을 드러내십니다. 이 글을 읽는 이들 중에 혹시 이러한 이유 때문에 아직 하나님을 만나지 못한 사람이 있지는 않습니까? 잘못된 태도로 하나님을 찾지는 않았습니까? 우리에게 요구되는 것은 생각을 닫는 것이 아니라 여는 것이며, 억누르는 것이 아니라 겸손하게 하는 것입니다.

지금까지 우리는 하나님을 아는 지식에 대한 예수님의 두 가지 주장을 살펴봄으로써 두 가지 근본적인 질문에 대한 답을 얻었습니다. '누가 하나님을 드러낼 수 있습니까?'라는 첫 번째 질문에 대해서는, 오직 예수 그리스도라고 대답합니다. '누구에게 하나님은 자기 자신을 드러내십니까?'라는 두 번째 질문에 대해서는, 오직 '아기들'이라고 대답합니다. 하나님은 어설프게 아는 체하는 사람들에게는 자신을 숨기시지만, 겸손하게 하나님을 찾는 자들에게는 그리스도 안에서 자신을 드러내십니다.

두 가지 초대

이제는 예수님이 하신 두 가지 주장을 넘어서, 예수님이 과거와 현재에 동일하게 우리를 초대하시는 두 가지 내용을 살펴보고자 합니다. 첫 번째는 이렇습니다. "수고하며 무거운 짐을 진 사람은 모두 내게로 오너라. 내가 너희를 쉬게 하겠다"(마태복음 11:28). 이 초대는 우리를 포함한 모든 인간을 향한 것입니다. 예수님은 초대권을 발행하시며 결코 빈말은 하지 않으십니다. 예수님은 우리를 '지치고 부담이 많은' 혹은 '수고롭게 일하며 무겁게 짐을 진' 사람들이라고 묘사합니다. 예수님은 우리를, 살갗을 벗기는 멍에를 메고 일하는, 혹은 무겁다 못해 짓누르기까지 하는 짐을 지고 가는 소에 비유하시는 것 같습니다.

이렇게 예수님은 모든 인간이 짐을 진 존재라고 가정하시며, 적어도 저 자신은 예수님의 진단이 옳음을 추호도 의심하지 않습니다. 이 짐은 우리의 불안과 공포, 유혹, 책임 그리고 외로움입니다. 우리는 때로 인생에 아무런 의미나 목적도 없다는, 때로는 우리를 삼키기까지 하는 끔찍한 생각에 사로잡힙니다. 그런데 이 중에는 실패의 짐과 (제대로 말하자면) 심판을 받아 마땅한 죄의 짐이 있습니다. 죄는 하나님의 심판을 받아 마땅한 것입니다. 우리의 양심이 죄책을 전혀 느끼지 않습니까? 수치심과 소외감에 머리가 숙여진 적이 없습니까? 성공회의 기도서가 강요하듯, '죄의 짐을 견딜 수 없습니다'(즉 더 이상 감당할 수 없습니다)라고 외친 적은 없습니까?

이러한 모든 짐에 대해 알지 못한다면, 두려운 이야기지만 우리는 자신에게 와서 쉬라는 그리스도의 초대를 결코 받아들이지 못할 것입니다. 예수님이 쉼을 약속하신 사람들은 짐을 진 사람들입니다. 예수님이 다른 본문에서 말씀하셨듯이, "건강한 사람에게는 의사가 필요하지 않으나, 병든 사람에게는 필요"합니다(마태복음 9:12). 다시 말해서, 우리가 아프지 않으면 의사에게 가지 않듯이, 죄의 짐을 인정하지 않는다면 예수 그리스도께 나아가지 않을 것입니다. 예수 그리스도의 제자가 되는 가장 첫 번째 단계는 우리에겐 그분이 필요함을 겸손하게 시인하는 것입니다. 자만심과 자족감만큼 우리를 하나님의 나라에 확실히 들어가지 못하게 하는 것은 없습니다.

예수님이 누구에게 초대장을 보내셨는지를 살펴보았으니, 이제 우리는 예수님이 우리에게 무엇을 주시는지를 생각해 볼 차례입니다. 예수님은 우리가 그분께로 가면 우리 멍에를 가볍게 해 주신다고, 우리의 짐을 내려 주신다고, 우리를 자유롭게 해 주시고 우리에게 쉼을 주신다고 약속하십니다.

몇 년 전에 저는 쿠바에 있는 학생 단체를 방문한 적이 있습니다. 쿠바는 마르크스주의의 실험이 실패한 후 사회 전반적으로 환멸이 팽배해 있는 곳이었습니다. 한 남학생이 제게 자신의 경험을 이야기해 주었습니다. 그는 그리스도인이 된 지 불과 4개월밖에 되지 않았다고 했습니다. 그전에는 쿠바의 다른 시민들처럼 식량 부족과 가난, 실존적 공허함과 소외감으로 짓눌려 있었으나, 예수 그리스도께 평화와 평온한 마음을 달라고, 그리고 자신의 짐에서 자유롭게 해달라고 구하고 나니 상황이 달라졌습니다. 그는 마태복음 11:28의 약속에서 너무나 큰 위안을 얻은 나머지 잠을 잘 수가 없었습니다. 다음 날 그는 자신이 달라졌음을 감지할 수 있었습니다. 어떤 약도 그에게 평온한 마음을 줄 수 없었습니다. 그는 여전히 가난했지만 예수 그리스도가 그에게 쉼을 주신 것입니다.

오직 예수 그리스도만이 이러한 일을 하실 수 있습니다. 신약성경에는 예수님이 세상에서 가장 짐을 잘 지는 자로 묘사되어 있습니다. 십자가에서 우리 죄의 짐을 지셨기 때문입니다. 유명한 다음의 성경 말씀을 다시 한번 들어 보십시오.

주님께서 우리 모두의 죄악을 그에게 지우셨다(이사야 53:6).

그는 많은 사람의 죄를 대신 짊어졌고(이사야 53:12).

"보시오, 세상 죄를 지고 가는 하나님의 어린양입니다"(요한복음 1:29).

그는 우리 죄를 자기의 몸에 몸소 지시고서, 나무에 달리셨습니다(베드로전서 2:24).

그리스도께서도 많은 사람의 죄를 짊어지시려고, 단 한 번 자기 몸을 제물로 바치셨고(히브리서 9:28).

이 구절들은 모두 예수 그리스도를 우리의 죄를 '지시고' 그 죄를 가져가신 분으로 이야기합니다. '죄를 진다'는 표현은 죄의 대가를 감당한다는 의미로 구약성경에서 자주 사용하는 표현입니다. 죄인 자신에 의해서 혹은 하나님이 주신 대속물에 의해서 그 죄의 대가가 치러지는 것입니다. 이것이 바로 복음의 핵심입니다.

그렇다면 좋은 소식은 이것입니다. 전능하신 하나님이 반역에도 불구하고 우리를 사랑하신다는 것, 자기 아들 예수 그리스도의 인성을 통해 직접 우리를 찾아오셨다는 것, 우리의 본성을 입으시고 인간이 되셨다는 것, 완벽한 사랑의 삶을 사셨고, 스스로는 속죄할 죄가 없었지만 십자가 위에서 우리의 죄와 죄책을 대신 감당하셨다는 것입니다. 신약성경에 나오는 두 가지 극적인 표현에 의하면 하나님은 예수님께 "우리 대신으로 죄를 씌우셨[고]"(고린도후서 5:21), 예수님은 "우리를 위하여 저주를 받은 사람"이 되셨습니다(갈라디아서 3:13). 하나님께 버림받은 그 끔찍한 세 시간 동안 예수님은 본래 우리가 받아야 했던 저주를 견디셨습니다. 그래서 이제는, 그리스도께서 우리의 죄를 짊어지고 죽으신 것을 근거로 하나님은 우리에게 완전하고도 대가 없는 용서를 베푸시며, 아울러 예수님의 부활의 능력 안에서 새로운 생명과 새로운 시작을 주십니다.

죄의 짐을 벗어 버렸을 때 느끼는 흥분을 존 버니언의 『천로역정』만큼 극적으로 잘 묘사한 것은 없습니다.

그래서 짐을 짊어진 크리스천은 여기까지 뛰어왔으나, 등에 진 짐 때문에 말할 수 없이 힘들었다.

그렇게 다소 오르막인 곳으로 올 때까지 뛰었는데 그곳에는 십자가가 서 있었고, 그보다 약간 아래에는 무덤이 있었다. 꿈에서 내가 보니, 크리스천이 십자가가 있는 곳으로 올라오자마자 그의 짐이 어깨에서 풀려 땅으로 떨어져 굴러가기 시작했다. 그것은 그렇게 계속 굴러 무덤 입구를 지나 마침내 그 안으로 떨어졌고, 나는 더 이상 그것을 볼 수가 없었다.

그러자 크리스천이 기뻐하며 쾌활하고 명랑하게 말했다. "그가 자신의 슬픔을 대가로 내게 쉼을 주었고, 자신의 죽음을 대가로 생명을 주었다." 그리고 잠시 가만히 서서 놀라운 눈빛으로 십자가를 바라보았다. 자신의 짐이 풀어진 것은 그에게 매우 놀라운 일이었기 때문이다. 그래서 그는 바라보고, 또 바라보았다. 눈물의 샘에서 물이 흘러 양 볼을 적실 때까지.…그렇게 서서 바라보며 울고 있는데, 세 명의 빛나는 존재가 그에게 와서 "네가 평화가 있을지어다" 하며 인사를 했다. 첫 번째 존재가 그에게 말했다. "너의 죄가 용서되었다."…두 번째 존재는 그에게서 누더기 옷을 벗기고 새 옷을 입혀 주었다. 세 번째 존재는 그의 이마에 표시를 해 주고 봉인이 된 두루마리를 주었고…천국의 문에 도달하거든 그것을 달라고 했다….

그러자 크리스천은 기쁨에 겨워 세 번 껑충 뛰더니 이어서 노래를 했다.

'여기까지 나는 왔네, 나의 죄 짐을 지고.

여기에 오기 전에는 그 어떤 것도

나의 슬픔을 덜어 주지 못했네. 이 얼마나 놀라운 곳인가!

여기서부터가 내 행복의 시작이란 말인가?

여기에서 내 등의 짐이 벗겨진단 말인가?

여기에서 나를 그 짐에 묶고 있던 끈이 끊어진단 말인가?

복된 십자가여! 복된 무덤이여! 오, 복되도다,

나를 위해 거기서 수치를 당한 그분이여!'[1]

예수님이 누구를 초대했고 무엇을 해 주시는가에 대한 질문을 살펴보았으니, 이제 세 번째 질문은 예수님이 우리에게 무엇을 요구하시는가 하는 것입니다. 그 분명한 대답은 '아무것도 없다!'는 것입니다. 우리가 그분께로 나아가는 것 외에는 말입니다. 나머지 모든 것은 예수님이 다 하셨기 때문입니다. 구원은 아무런 대가 없는, 전적으로 과분한 선물입니다.

그렇지만 우리는 예수 그리스도께 인격적으로 나아가는 것 말고는 대안이 없습니다. 어떤 사람들은 종교의 외형에 몰두합니다. 그런 사람들은 교회에 세례와 견진성사를 받기 위해 옵니다. 목사를 찾아가 그의 충고를 구하기도 합니다. 성경을 읽고 다른 종교 서적도 같이 읽습니다. 그러나 예수 그리스도 앞에 직접 오지 않고도 이 모든 일들을 할 수 있습니다. 그리스도가 하신 초대의 단순성 때문에 그것을 오해하지 않기를 간절히 바랍니다.

1843년부터 1870년까지 에든버러 대학에서 히브리어를 가르치던 유명한 교수가 있었습니다. 그는 존 덩컨 박사였는데, 히브리어와 히브리 문학에 워낙 정통해 있었기 때문에 학생들 사이에서는 '랍비 덩컨'이라는 애칭으로 알려져 있었습니다. 그가 이처럼 셈족어에 조예가 깊었기 때문에 학생들은 그가 분명히 히브리어로 기도할 것이라고 확신했고, 두 명이 그것을 확인해 보기로 결심했습니다. 어느 날 밤 그 두 학생은 교수의 침실 문 앞으로 살금살금 다가가 귀를 기울였습니다. 그들은 화려하고 신비한 히브리어 문체가 거창하게 울려 퍼질 것을 기대했습니다. 그러나 그들이 들은 기도는 다음과 같습니다.

> 온유하신 예수님, 온순하신 주여,
> 이 작은 자녀를 돌아보소서.
> 제 단순함을 불쌍히 여기사,
> 당신께 나아가도록 허락하소서.[2]

대학 교수가 예수 그리스도께 어린아이처럼 나아갈 수 있다면 우리도 그렇게 할 수 있으리라 생각합니다. 랍비 덩컨은 자기 자신이나 학생들에게 유치함을 권하지는 않았습니다. 사실 어린아이 같음은 그것과는 무척 다릅니다. 예수님은 겸손의 덕을 칭찬하셨습니다. 예수님은 우리가 어린아이처럼 자기 자신을 낮추지 않으면 우리가 하나님의 나라에 들어갈 수조차 없을 것이라고 가르치셨습니다(마태복음 18:1-3). 또한 우리가 이미 보았듯이, 하나님은 오직 '아기들', 즉 진리를 겸손하게 찾는 자들에게만 자신을 드러내신다고 가르치셨습니다.[3]

예수님의 첫 번째 초대가 그분께로 '나아오라는' 것이라면, 두 번째 초대는 이것입니다. "나는 마음이 온유하고 겸손하니, 내 멍에를 메고 나한테 배워라. 그리하면 너희는 마음에 쉼을 얻을 것이다. 내 멍에는 편하고, 내 짐은 가볍다"(마태복음 11:29-30).

저는 성경의 균형을 보며 언제나 감탄합니다. 그리스도인의 삶은 단지 마음을 편히 가지고 '쉼'을 즐기는 삶이 아닙니다. 우리가 예수님 앞으로 나아오면, 신기한 교환 행위가 일어납니다. 먼저 예수님은 우리의 멍에를 풀어 주신 후 대신에 자신의 멍에를 씌워 주십니다. 먼저 우리의 짐을 내려 주시고 나서 대신에 자신의 짐을 지워 주십니다. 그러나 너무나 많은 사람들이 포스트모더니즘의 '골라잡아 섞기' 식 사고방식의 영향을 받아서 멍에 없는 쉼을 얻기 원합니다. 자기 짐은 벗어 버리고자 하지만 그리스도의 짐을 지지는 않으려 합니다. 그러나 예수님의 두 가지 초대는 서로 분리될 수 없습니다. 우리에게는 그 둘 중 하나만 골라 가질 자유가 없습니다.

그렇다면 그리스도의 '멍에'는 무엇입니까? 멍에는 소에 마구를 채워 쟁기나 수레와 연결할 때 목덜미에 가로로 놓는 나무 막대기입니다. 성경에서 멍에는 권위에 대한 순종을 상징합니다. 그래서 유대인들은 하나님의 율법의 권위에 순종한다는 뜻으로 '토라의 멍에'라는 표현을 썼습니다. 그런데 예수님은 이제 우리에게, 그분의 멍에를 지고 그분께 배우라고 요청하십니다.

그리스도의 멍에를 메는 것은 그분의 학교에 들어가는 것, 그분의 제자가 되는 것, 그분의 가르침의 권위에 순종하는 것을 의미합니다. 이것은 우리가 예수님을 구세주뿐만 아니라 스승이자 주님으로 대해야 함을 암시합니다. 예수님 자신이 이 땅에서 보내신 마지막 밤에 열두 제자에게 "너희가 나를 선생님 또는 주님이라고 부르는데, 그것은 옳은 말이다. 내가 사실로 그러하다"(요한복음 13:13)라고 말씀하심으로 그 사실을 분명히 하셨습니다. 다시 말해서, '선생님'과 '주님'이라는 호칭은 단지 예의상 부르는 말이 아니라 실제를 나타내는 말입니다. 예수님을 그렇게 대한다는 것은 공적 영역이든 사적 영역이든 우리 삶의 모든 부분을 예수님의 주권적인 주되심 아래에 놓는 것을 말합니다.

이것이 힘든 일처럼 들립니까? 그러나 오히려 예수님은 이것이 해방의 길이라고 주장하십니다. 우리가 그리스도께 올 때 잃게 되는 짐은 무겁지만, 예수님의 짐은 그분 말씀처럼 '가볍기' 때문입니다. 또한 우리가 그리스도께 나아올 때 잃게 되는 멍에는 우리에게 잘 맞지 않는 것이라 어깨의 살갗을 벗깁니다. 그러나 우리가 얻게 되는 멍에는 '편합니다.' 우리에게 완벽하게 맞는 멍에인 것입니다. "내 멍에는 편하고, 내 짐은 가볍다." 어떻게 그럴 수 있을까요? 제 생각에는 우리의 생각과 의지가 그리스도의 권위 아래서 자유를 얻기 때문인 것 같습니다. 우리의 생각이 진정으로 자유로울 때는 진리의 권위 아래 있을 때입니다. 거짓까지 포함하여 아무것이나 믿을 수 있는 자유를 주장하는 소위 '자유로운 사상'은 진정한 지적 자유가 아닙니다. 그것은 환상과 거짓에 속박되는 것입니다. 예수님은 또 다른 본문에서 제자들에게 말씀하셨습니다. "너희는 진리를 알게 될 것이며, 진리가 너희를 자유롭게 할 것이다"(요한복음 8:32). 마찬가지로 우리의 의지가 진정으로 자유로울 때는 오직 하나님의 계명에 드러난 의의 권위 아래 있을 때입니다. 시편 기자는 이렇게 선포했습니다. "내가 주님의 법도를 열심히 지키니, 이제부터 이 넓은 세상을 거침없이 다니게 해 주십시오"(시편 119:45). 하나님의 계명에 복종할 때 자유를 얻게 되는 이유는 하나님의 율법과 우리의 도덕적 본성 사이에 근본적인 상응 관계가 있기 때문입니다. 하나님의 율법이 요구하는 바는 우리에게 낯설지 않습니다. 그것은 창조 때에 우리 마음에 적힌 인간 자신의 법이기 때문입니다(로마서 2:15).

자신의 멍에와 짐이 서로 조화를 잘 이룬다는 것을 설명하신 후에 예수님은 자기 자신에 대해 설명하십니다. 예수님은 자신이 "마음이 온유하고 겸손하[다]"고 말씀하십니다. 예수님이 우리에게 주시는 것은 온유하고 친절한 주인의 가벼운 짐과 쉬운 멍에입니다. 그 아래에서 우리는 쉼을 얻습니다.

디트리히 본회퍼는 그 점을 잘 알고 있었습니다. 그는 1945년 4월에 플로센부르크 포로 수용소에서 하인리히 힘러의 특별 명령으로 처형되었습니다. 그는 자신의 책 『나를 따르라』에서 이렇게 말합니다.

> 예수의 계명을 무조건 좇고 예수의 멍에를 불평 없이 지는 자는 그의 짐이 가볍다는 사실을 알게 될 것이며, 옳은 길 위에서 견딜 수 있는 힘을 그의 멍에의 부드러움에서 얻을 것이다. 그의 멍에를 벗어 버리려는 자에게는 예수의 계명이 가혹하고 무거운 짐이다. 하지만 자진하여 이 부름에 순종하는 자에게 멍에는 쉽고 짐은 가볍다.[4]

결론: 참석 여부를 알려 주십시오

우리는 예수님이 과거와 현재에 걸쳐 우리를 향해 주장하시는 바와 초대하시는 내용을 살펴보았습니다. 두 가지 주장이란 오직 예수님만이 하나님을 드러낼 수 있다는 것과 하나님은 오직 '아기들'에게만 자신을 드러내신다는 것이며, 두 가지 초대란 우리가 그분께로 나아와서 그분의 멍에를 메라는 것입니다.

이 두 가지 초대의 내용은 다르지만 그에 따른 약속은 정확하게 일치한다는 것을 눈치채셨습니까? 예수님께 나아오는 사람들에게 그분은 "내가 너희를 쉬게 하겠다"고 말씀하시고, 예수님의 멍에를 메는 자들에게 그분은 "너희는 마음에 쉼을 얻을 것이다"라고 약속하십니다.

모든 사람이 쉼과 평화와 자유를 찾고 갈망합니다. 그런데 예수님은 우리에게 어떻게 그것들을 얻을 수 있는지 말씀해 주십니다. 바로 십자가에서 우리의 짐을 벗어 버리고 예수님의 가르침의 권위에 순종하는 것입니다. 자유는 우리의 짐을 내려놓을 때 얻는 것임은 분명하지만, 그리스도의 짐까지 벗어 버린다면 결코 얻을 수 없습니다. 여기서 우리는 다시 한번 그리스도인 삶의 위대한 역설을 보게 됩니다. 그리스도의 멍에 아래서 우리는 쉼을 얻고, 그분의 섬김 안에서 자유를 얻습니다. 우리 자신을 잃어버릴 때에 자신을 찾게 되고, 자기중심성에 대해 죽을 때 우리는 살기 시작하는 것입니다.

제가 왜 그리스도인일까요? 한 가지 결정적인 이유 때문이 아니라 서로 맞물리는 몇 가지 이유들 때문이라는 점이 이제는 명백해졌습니다. 어떤 이유들은 예수 그리스도 자신과 연관되어 있습니다. 제가 회피할 수 없는 예수님의 특이한 주장, 고통의 문제를 조명하는 예수님의 고난과 죽음, 저를 놓아 주지 않는 예수님의 끈질긴 추적이 그 예입니다. 또 다른 이유들은 예수님보다는 저 자신과 관련되어 있습니다. 예수님은 제 인간성의 역설 속에서 저 자신을 이해할 수 있도록 도와 주시며, 제 근본적인 인간적 열망을 실현하도록 도와 주십니다. 또 하나의 이유는 자신에게 와서 자유와 쉼을 얻으라고 하는 예수님의 초대를 받고 결심을 해야 할 필요성과 연관이 있습니다.

한 문장으로 요약하면, 하나님의 아들이자 인류의 구세주이며 심판자라고 주장하시는 분이 이제 우리 앞에 서서 우리가 그분께로 나아가기만 하면 성취와 자유와 쉼을 주겠다고 하십니다. 그러한 분이 하시는 이런 초대는 가볍게 저버릴 수가 없습니다. 예수님은 우리의 대답을 끈기 있게 기다리십니다. 참석 여부를 알려 주십시오!(RSVP)

저는 여러 해 전 학교 기숙사에서 침대 곁에 무릎을 꿇고 그리스도께 응답하였습니다. 저는 그 결정을 결코 후회하지 않았습니다. (영국 BBC 방송의 초대 사장이었던) 라이스 경이 "내주하시는 그리스도의 신비와 마술"이라고 불렀던 경험을 저 또한 하게 되었기 때문입니다.[5]

이 책을 읽는 당신도 동일한 결심을 할 준비가 되셨는지 궁금합니다. 만약 준비가 되셨다면, 어딘가로 홀로 나아가 이 기도문을 당신의 것으로 삼고 기도해 보는 것이 도움이 될 것입니다.

주 예수 그리스도여,

당신이 여러 가지 방법으로 저를 찾아다니셨음을 의식하고 있습니다.

당신이 제 문을 두드리는 소리를 들었습니다.

저는 믿습니다.

당신의 주장이 진리라는 것을,

저의 죄를 위하여 십자가에서 죽으셨다는 것을,

그리고 죽음에서 부활하셔서 승리하셨다는 것을 믿습니다.

당신의 사랑으로 주시는 용서와 자유와 성취에 감사를 드립니다.

이제 저는,

저의 죄 많은 자기중심성에서 돌아섭니다.

구세주이신 당신께로 나아갑니다.

저의 주님이신 당신께 굴복합니다.

제 남은 생애 동안 당신을 따를 수 있는 힘을 주시옵소서. 아멘.

| 주 |

서문

1. Bertrand Russell, ed. Paul Edwards, *Why I Am Not a Christian*(George Allen & Unwin, 1957). 『나는 왜 기독교인이 아닌가』(사회평론).
2. John Stott, *The Contemporary Christian*(IVP, 1992). 『시대를 사는 그리스도인』(IVP).

1장 천국의 사냥개

1. R. Moffat Gautrey, *This Tremendous Lover*(Epworth, 1932). 프랜시스 톰슨의 "천국의 사냥개" 시 해설.
2. Francis Thompson, *The Hound of Heaven*(Burns, Oates & Washbourne Ltd, 1893), p. 9.
3. Gautrey, *This Tremendous Lover*, p. 29.
4. 같은 책, p. 30.
5. Thompson, 앞의 책, p. 16.
6. 같은 책, p. 17.
7. C. S. Lewis, *Surprised by Joy*(Geoffrey Bles, 1955; 재간 Collins Fontana, 1981), p.181. 『예기치 못한 기쁨』(홍성사). (약 6천 명의 군사로 이루어진 부대를 의미하는) '군대'라는 이름은 거라사의 광인이 스스로에게 붙인 이름인데, 그가 자신이 많은 숫자의 악한 영에 사로잡혔다는 것을 의식하고 있었기 때문이다. 참고. 마가복음 5:1-20.
8. Augustine, *Confessions*(OUP, 1992), Henry Chadwick의 새 번역본, 제2권 2장. 『고백록』.
9. 같은 책, 제8권 12장.
10. 같은 책, 제10권 27장.

11. Malcolm Muggeridge, *Chronicles of Wasted Time*, 제1부, The Green Stick(Collins, 1972), p.125.
12. Malcolm Muggeridge, *Jesus Rediscovered*(Collins Fantana, 1969), pp. 32, 41.
13. 위의 7번.
14. Lewis, 앞의 책, p. 169.
15. 같은 책, pp. 181-182.
16. 같은 책, pp. 179-180.
17. 같은 책, p. 173.
18. 같은 책, p. 170.
19. 같은 책, pp. 182-183.

2장 예수님의 주장

1. Joachim Jeremias, *The Central Message of the New Testament*(SCM, 1965), pp. 16-17, 19-20, 21, 30.
2. Hugh Martin, *The Claims of Christ: A Study in His Self-Portraiture*(SCM, 1955), pp. 42-43.
3. C. S. Lewis, *Mere Christianity*(Geoffrey Bles, 1952; 개정판 Fount, 1997), p. 43. 『순전한 기독교』(홍성사).

3장 그리스도의 십자가

1. Malcolm Muggeridge, *Jesus Rediscovered*(Collins Fantana, 1969), pp. 24-25.
2. Cicero, *Against Verres* II.64.165.
3. Cicero, *In Defence of Rabirius* V.16.467.
4. "하나님은 나를 용서하실 것이다. 그분은 그 일에 전문이시다"라는 말은 하이네가 임종 때 한 것으로 알려져 있으며, James Denny, *The Death of Christ*(1902; Tyndale Press, 1951), p. 186에 인용이 되어 있다.
5. Anselm, *Cur Deus Homo* i.xxi. 『인간이 되신 하나님』(한들출판사).
6. Carnegie Simpson, *The Fact of Christ*(Hodder & Stoughton, 1900), p. 109.
7. P. T. Forsyth, *The Justification of God*(Duckworth, 1916), p. 32.

4장 역설적인 인간성

1. Douglas Coupland, *Life after God*(Touchstone, 1994), p. 9.
2. 같은 책, p. 304.
3. Keith Thomas, *Man and the Natural World: Changing Attitudes in England 1500-1800*(1983; Penguin, 1984), pp. 31-32, 37-39, 43, 166, 172.
4. J. S. Whale, *Christian Doctrine*(1941; Fontana, 1957), p. 33.
5. *Mark Twain's Notebook*(1894)에서 인용.
6. J. S. Whale, 앞의 책, p. 41.
7. William Shakespeare, *Hamlet*, 2막 2장. 『햄릿』(민음사).
8. Mark Twain, *More Tramps Abroad*(Chatto & Windus, 1897) 28장의 제목.
9. Richard Holloway. 1978년 4월, 로우버러(Loughborough)에서 열린 가톨릭 갱신 수양회(Catholic Renewal Conference)에서 한 연설의 발췌문.
10. Reinhold Niebuhr, *The Children of Light and the Children of Darkness: A Vindication of Democracy and a Critique of its Traditional Defenders*(Nisbet, 1945), p. vi. 『빛의 자녀들과 어둠의 자녀들』(종문화사).
11. Carl R. Rogers, *On Becoming a Person*(Constable, 1961), p. 87.

5장 자유에 이르는 길

1. John Fowles, *The Magus*(1966; 개정판 Triad Panther, 1977), p. 10.
2. Graham McCann, *Woody Allen, New Yorker*(Polity, 1990), pp. 43, 84.
3. 같은 책, pp. 43, 83.
4. Bertrand Russell, ed. Paul Edwards, *Why I Am Not A Christian*(George Allen & Unwin, 1957), p. 47.
5. Bertrand Russell, *A Free Man's Worship*(1902; University Paperbacks, 1976), pp. 10-17.
6. Robert Southwell의 "I dye alive"(나는 산 채로 죽노라)에서 인용. D. H. S. Nicholson and A. H. E. Lee(eds.), *The Oxford Book of English Mystical Verse*(Clarendon, 1917), p. 236.

6장 열망의 실현

1. Augustine, *Confessions*(OUP, 1992), Henry Chadwick의 새 번역본, 제1권 1장.
2. C. S. Lewis의 설교 "The Weight of Glory"(영광의 무게)에서 인용. *Transposition and Other Addresses*(Geoffrey Bles, 1949), p. 30.
3. Theodore Roszak, *Where the Wasteland Ends*(Faber & Faber, 1972), p. 22.
4. 같은 책, p. 66.
5. 같은 책, pp. 227-228.
6. 같은 책, p. 67.
7. 같은 책, p. 70.
8. 같은 책, p. xxi.
9. Peter L. Berger, *Facing up to Modernity*(1977; Penguin, 1979), p. 225.
10. Jonathon Porritt and David Winner가 인용한 말. *The Coming of the Greens* (Collins, 1988), pp. 251-252.
11. A. N. Wilson, *Against Religion*(Chatto Counterblast No. 19, 1991), pp. 3, 20, 44.
12. Trevor Beeson, *Discretion and Valour*(Collins, 1974), p. 24.
13. 1983년 5월 런던에서 템플턴 상을 받고 한 연설에서 인용.
14. David Spangler, *The Rebirth of the Sacred*(Dell, 1984).
15. 같은 책, pp. 12, 41.
16. Arnold Toynbee, 1969년 4월 5일자 The Times지에 인용됨. 그의 책 *Experiences* (OUP, 1969)를 보라.
17. Viktor E. Frankl, *Man's Search for Meaning*, 원제는 *From Death Camp to Existentialism*(1959; Washington Square Press, 1963), p. 165. 『죽음의 수용소에서』(청아출판사).
18. 같은 책, p. 164.
19. 같은 책, p. 154.
20. 같은 책, p. 154.
21. 같은 책, pp. 167, 204.
22. Arthur Koestler, "Rebellion in Vacuum", *Protest and Discontent*, ed. Bernard Crick and William Robson(Penguin, 1970), p. 22.

23. Emile Durkheim, *Suicide: A Study in Sociology*(1987; 영어 번역본 1952, Routledge & Kegan Paul, 1975), p. 246. 『자살론』(청아출판사).
24. William Temple, *Citizen and Churchman*(Eyre & Spottiswoode, 1941), p. 74.
25. *The Autobiography of Bertrand Russell*(George Allen & Unwin, 1967), p. 13.
26. Desmond Doig, *Mother Teresa, Her People and Her Work*(Collins, 1976), p. 159.
27. Graham McCann, 앞의 책, p. 22.
28. 같은 책, p. 248.
29. S. C. Neill, *Christian Faith Today*(Pelican, 1955), p. 174.

7장 가장 위대한 초대

1. John Bunyan, *The Pilgrim's Progress, Library of Classics*(Collins, 연도 표기 없음), pp. 47-48. 『천로역정』.
2. Charles Wesley, *Hymns and Sacred Songs*(1742)에 나오는 찬양.
3. 이 일화가 사실이라는 것을 나는 보증할 수 있다. 에든버러 대학의 뉴칼리지에 있는 James Stewart 교수로부터 직접 들었기 때문이다. 따라서 David Brown이 1872년에 쓴 *Life of the Late John Duncan*(Edmonston & Douglas, 2nd edn, 개정판)에 이 일화가 들어 있지 않은 것이 놀랍다. 그러나 David Brown도 기도할 때 "그가 어린 아이처럼 단순하게 했다"고 기록하고 있다(p. 361).
4. Dietrich Bonhoeffer, *The Cost of Discipleship*(1937; 영어 번역본 SCM, 1959), p. xxxiii. 『나를 따르라』(대한기독교서회).
5. Andrew Boyle, *Only the Wind will Listen: Reith of the BBC*(BBC, 1972), p. 18.

| 부록 |

하나님 말씀의 수호자 존 스토트

데이비드 웰즈

존 스토트는 1921년생이다. 그렇지만 여전히 본연의 모습을 잃지 않고, 힘이 넘치고, 그 어느 때보다 정신이 맑으며, 세계 구석구석에 영향을 미치는 사역을 해 왔다. 그의 나이까지 살지 못하는 사람도 있고, 그 같은 명예를 안고 그 나이에 이르는 사람은 매우 적으며, 존 스토트처럼 겸손한 자세로 자신의 업적을 바라보는 사람은 더욱 적다.

스토트는 "20세기 영국 성공회의 가장 영향력 있는 성직자"라 불린 바 있고(데이비드 에드워즈), 우리 시대의 가장 저명한 복음주의 지도자 중 한 명이기도 하다. 그는 목회자의 눈으로 세상을 바라본다. 무엇보다 하나님의 진리를 맡은 청지기였고 성경 메시지의 전달자였다. 그가 보여 준 리더십의 근원은 목회자의 시각과 성경에 대한 깊은 이해였다.

지역교회 목사, 세계적 리더

요즘 목회자들이 한 교회에 머무는 기간은 평균 2,3년이다. 스토트가 런던의 올 소울즈 교회에 부임한 해가 1945년이고 이후 그는 이 교회를 떠난 적이 없다[1950년까지 부목사curate로 섬긴 후 1975년까지 교구 목사rector로 재직했다. 이후 랭햄 파트너십 인터내셔널과 런던 현대 기독교 연구소를 설립하고 활동의 폭을 넓혔으나 명예 목사로 올 소울즈 교회와 함께했다—CTK].

스토트의 목회 사역의 특징은 하나님의 말씀을 성실하고 체계적으로 전한 것이었다. 그는 『데살로니가전후서』(IVP)에서 이렇게 썼다. "모든 진정한 목회 사역의 출발점은…우리가 하나님 말씀의 수호자와 선포자로서 그 말씀을 대하도록 부름을 받았다는 확신이다. 우리의 임무는 그 말씀을 지키고 연구하고 해설하고 적용하고 순종하는 것이다." 그는 그 말을 실천에 옮겼다. 그러나 성공회 내에서 하나님 말씀의 진리를 전하는 일은 쉽지 않았다. 제2차 세계대전 직후, 몇 년간 성공회 내의 복음주의자들은 분리를 조장하는 '파당'으로 간주되었고 영국 성공회를 개혁할 만한 위치에 있지 않았다. 복음주의자들은 교회 조직상 성공회에 속해 있었지만 신학적 신념 때문에 성공회 조직 내의 활동에는 참여하지 않았다. 스토트는 그런 분리주의적 태도로 인해 복음주의자들이 성공회의 신학과 실천에 효과적으로 개입하지 못한다고 보았다.

그는 전국 성공회 복음주의 대회를 두 차례(1967년과 1977년) 후원함으로써 복음주의의 분리주의 경향을 바꾸려 했다. 교회(그 본질과 사명, 메시지)를 주제로 첫 번째 전국대회를 열면서 복음주의자들은 영국 성공회 안에 성공적으로 자리매김했으며 성공회의 충실한 멤버가 되겠다는 의사를 전달했다. 첫 번째 전국대회에 참석할 때만 해도 그들은 자신들이 복음주의자라는 사실을 더 중요하게 여겼으나, 10년 후 두 번째 전국대회에서는 성공회 소속이라는 사실을 더 근본적인 것으로 여기게 되었다.

성공에는 대가도 따랐다. 주교 임명을 받는 복음주의자 성직자의 수가 늘어났지만, 오늘날 복음주의자의 정체성은 과거보다 훨씬 모호해졌다. 이것은 복음주의자들이 충실한 성공회 멤버가 되기 위해 불가피한 일이었을까? 복음주의자들의 확신과 열정이 쇠퇴하지 않았다면 그 상황을 피할 수 있었을까? 이것은 사소한 문제가 아니다. 미국 주류 교단의 복음주의자들이 같은 딜레마로 고민하고 있다. 기존 교단 내에 머물 경우 얻는 것과 잃는 것은 무엇일까? 과연 어느 쪽이 더 클까?

스토트는 제2차 세계대전 이후 복음주의가 전 세계적으로 괄목할 만한 성장을 거두는 데도 큰 역할을 했다. 성경적 기독교의 재기를 알리는 절정의 사건은 1974년 세계 복음화 국제대회의 산물로 탄생한 로잔언약이다.「타임」은 전 세계 150개국의 대표가 참석한 이 국제대회를 두고 "역사상 가장 광범위한 기독교인들의 모임"이라고 평했다. 스토트가 초안을 작성한 로잔언약은 하나의 신학적 선언이자, 복음 선포에 나서고 사회적 책임을 감당하도록 촉구하는 소환장이다. 로잔언약은 복음주의를 묶어 주는 결속력과 비전과 확신을 담고 있기에 지금도 여전히 중요하다. 로잔언약이 지금까지 그런 역할을 감당하는 데는 스토트의 공이 컸다.

스토트는 올 소울즈 교회에서 제3세계로 사역을 확장해 나갔다. 그는 특권층 가정에서 자라고 교육을 받았으나 국경과 문화적 장벽을 뛰어넘어 제1세계가 잊어버린 사람들의 어려움과 고통에 공감했다. 스토트가 설립한 랭햄 재단은 목회자 훈련과 서적 배포를 주요 사업으로 진행했다.

스토트는 교회의 수준이 목회자의 수준을 넘어서지 못하며, 따라서 목회자를 훈련시키는 사람이 교회에 지대한 영향을 준다고 믿었다. 그래서 그는 제3세계 교회들에서 탁월한 성품과 리더십을 널리 인정받는 리더들을 찾아내고 그들이 가르치는 사역을 더 잘 감당할 수 있도록 박사과정을 공부할 기회를 제공했다. 랭햄 재단의 지원으로 한 해에만 14개국 출신 17명의 학생이 주로 영국 대학에서 박사과정을 공부했다. 매년 학생당 2만 2천 달러에서 2만 8천 달러에 이르는 상당한 비용이 들지만, 옥스퍼드 선교대학원의 비나이 새뮤얼에 따르면, 이 프로그램으로 "배출된 학자들이 이미 세계 각국에서 영향을 끼치고 있다." 스토트는 복음주의 문서선교재단도 설립하여 제3세계의 목회자와 신학교를 대상으로 서적을 보급했다.

스토트는 모든 사역에서 개혁을 추진한 리더로 알려져 왔다. "우리는 교회의 실패를 양심에 새겨야 한다"고 그는 말한다. 그의 선언에 따르면, 현대 교회의 가장 절실한 과제는 교회가 참 모습을 드러내는 일인데, 이는 교회가 하나님이 거하시는 곳이며 그리스도 안에서 지어진 새로운 인류로 자리매김해야 가능한 일이다. 그 후에야 비로소 그리스도를 전하는 교회가 신뢰를 얻을 수 있을 것이다.

깊고 다양한 그의 책들

스토트의 저술은 양으로 보나 질로 보나 주목할 만하다. 그는 현재까지 42권의 책을 저술했고 14권의 책을 편집했으며, 500편의 소책자와 에세이, 기사와 기고문을 썼다. IVP가 그의 책을 워낙 많이 출판했기 때문에, 적어도 미국에서는 존 스토트 하면 IVP를 떠올리게 되었다. 스토트의 글은 모두 철저히 성경적이고, 사랑이 가득하면서도 원칙을 고수하고,

창의성과 용기가 빛나고, 간결하고 명료한 문장으로 생각을 표현하고 있다.

그의 저작은 크게 두 부류로 나뉜다. 성경 말씀을 다룬 책과 성경적 시각에서 세상의 문제를 다룬 책이다. 말씀을 다룬 책들은 다시 세 가지 하위범주로 나눌 수 있다. 첫째, 성경을 다룬 책, 성경에 대한 책이다.『예수님의 메시지』(아바서원)와 성경의 여러 책들에 대한 강해서가 있고,『성령세례와 충만』(IVP) 같은 교리적 주제들을 다룬 성경 연구서들도 여기 해당한다.

둘째, 그리스도께 집중한 책들이다.『논쟁자 그리스도』(성서유니온)는 예수님이 현대 교회에서 볼 수 있는 많은 논쟁들에 직접 참여하셨고 교리적으로 정리된 답변을 제시하셨다고 주장한다. 대속을 다룬『그리스도의 십자가』(IVP)에서 독자는 다른 어떤 책에서보다 스토트의 심장박동을 분명하게 들을 수 있다. 100만 부 이상 팔리고 50개 이상의 언어로 번역된『기독교의 기본진리』(생명의말씀사)는 복음의 메시지를 설명한 책이다.

마지막 세 번째는 설교를 다룬 책으로『설교자란 무엇인가』(IVP)와「설교론」(CD) 등이 있다[최근 출간된『존 스토트의 설교』(IVP)도 여기에 해당한다—편집자].

세상을 다룬 범주의 책으로는 복음 선포가 사람의 영육을 아우르는 기독교적 책임감에서 이루어져야 한다고 주장한 독창적인 책 『선교란 무엇인가』(IVP)가 있다. 『현대 사회 문제와 그리스도인의 책임』(IVP)은 우리가 당면한 가장 곤혹스러운 몇 가지 윤리적 딜레마를 다룬 연구서다.

그의 글은 놀랄 만큼 솔직한 것이 특징인데, 그가 성경에 접근하는 방식도 한결같이 진술하다. 그는 성경을 대할 때 "듣고 싶지 않은 내용을 듣게 될 위험을 감수하고 마음을 활짝 열어야 한다"고 말한다. 우리는 위안을 얻기 위해 성경을 찾는 경우가 너무 많고, 그러다 보니 "마음을 정한 채 성경을 펼치는 경향이 있고, 우리를 안심시키는 편견의 메아리를 고대하며 성경을 대하게 된다." 스토트의 성경 해설은 자기만족에 빠져 안락한 상태에 머문 우리를 흔들어 깨운다.

비논쟁자 스토트

철저히 성경적이고 사려 깊고 확신에 찬 스토트의 복음주의는 자기 훈련과 희생, 자기를 잊는 헌신을 특징으로 하는 경건함으로 연결된다. 스토트의 『균형 잡힌 기독교』(새물결플러스)는 그가 견지한 복음주의 입장을 간결하게 정리하고 있다. 이 책에서 그는 오늘날 널리 퍼진 지성과 감성의 대립에 반대하고, 성경의 본질에 대한 믿음은 보수적으로 견지하되 성경의 진리를 사회 안에서 실천할 때는 급진적으로 하자고

촉구한다. 또 교회의 모습에서는 조직화와 자유로움이 둘 다 필요하며, 교회가 복음 선포와 사회적 책임 모두를 감당해야 한다고 주장한다.

하지만 그중에서도 지성과 감성의 통합을 강조한 부분이 특히 시의적절하다. 스토트는 성경적 실체가 없는 설교와, 사도들과 달리 내용을 상고하지 않는 믿음에 반대한다. 그리고 감정적 체험에 목마른 나머지 "진리가 체험의 기준이 되어야 함에도, 오히려 체험을 진리의 판단 기준으로 절대시하는" 현대의 경향에 반대한다. 성경의 진리에 더 이상 관심을 갖지 않을 때 복음적 신앙은 더 이상 복음주의라고 말할 수 없다.

성경적 설교 없이는 예배가 이루어질 수 없다. 그는 『설교론』에서 이렇게 말한다. "말씀과 예배는 뗄 수 없이 긴밀하게 연결되어 있다. 모든 예배는 하나님의 계시를 깨닫고 사랑이 솟아나 반응하는 것이다. 예배란 그분의 이름을 흠모하는 일이기 때문이다. 그러므로 설교 없이는 하나님이 받으실 만한 예배가 불가능하다. 설교는 주님의 이름을 알리는 일이고, 예배는 그렇게 알려진 주님의 이름을 찬양하는 일이다." 그는 오늘날 예배의 빈곤은 하나님을 아는 지식의 빈곤에서 나오고, 그것은 곧 성경 지식의 빈곤이라고 지적한다.

스토트는 로잔언약의 초안을 작성할 때 복음전도를 테

크닉으로, 복음을 정신치료로 축소시키려는 유혹에 넘어가지 않았다. 로잔언약은 그 기초가 되는 다음의 선언으로 시작된다. 하나님은 "만물을 그분의 뜻에 따라 다스리는 분"이고, 성경은 "기록된 유일한 하나님의 말씀으로 전체가" 참되고 권위가 있으며, 그리스도는 "유일하신 구세주이며 유일한 복음"이시다. 이러한 확신은 우리가 전해야 할 내용이 무엇인지 설명해 준다. "예수 그리스도께서 성경대로 우리 죄를 위해 죽으셨고 죽은 자들 가운데서 살아나셨고, 이제 세상의 주인으로서 회개하고 믿는 모든 자에게 죄 용서를 베푸시고 성령의 자유하게 하시는 선물을 주신다는 기쁜 소식이다."

로잔언약에 따르면, 하나님의 본성은 왜 우리가 사회적 관심과 복음 중 하나만을 택할 수 없는지 설명해 준다. 믿고 구원을 받으라고 사람들을 부르시는 하나님은 만물의 창조주와 심판자이시기도 하다. 그러므로 우리는 "하나님을 본받아 인간 사회 전반에 걸친 정의와 화해에 관심을 갖고, 온갖 압제로부터 인간을 해방시키는 일에 관심을 가져야 한다."

스토트는 분명한 확신과 결단력을 지닌 사람이지만, 논쟁에 거의 말려들지 않았다. 오히려 그는 많은 사람들과 달리 사랑으로 진리를 말하는 모습(에베소서 4:15)을 지속적으로 보여주었다. 사랑 없는 진리는 추하고, 진리 없는 사랑은 공허한 감상에 그친다.

이러한 사랑과 진리의 결합은 스토트가 『복음주의가 자유주의에 답하다』(포이에마)에서 자유주의 신학자 데이비드 에드워즈와 나눈 대화를 통해 분명히 볼 수 있다. 스토트는 까다로운 질문을 쏟아내는 신학적 적수에 맞서, 조금도 물러서지 않으면서도 애정을 품고 말하는 본보기를 보여주었다. 그의 교회에서 은사체험을 한 교인들이 성령 세례에 대한 그의 입장에 문제를 제기했을 때도 동일한 모습을 보여주었다. 특히 은사운동의 초기에는 성령 세례에 대한 입장 차이로 인해 교회가 분열되는 경우가 많았는데, 올 소울즈 교회에서는 그런 일이 벌어지지 않았다. 상당 부분은 스토트의 공이라 할 수 있다. 그는 신학적 확신과 목회적 관용 모두 놓치지 않았다.

논쟁자 스토트

하지만 그도 몇 가지 논쟁에는 참여했다. 영국 성공회 내의 정치 문제를 제외하면, 세 가지 사건이 두드러진다. 첫째, 스토트는 교단에 신학적 결함이 있어도 분리해 나오지 말라고 조언했다. 하지만 1966년 10월, 마틴 로이드존스는 런던에서 열린 전국 복음주의 협의회 총회 연설에서 복음주의자들이 기존 교단에서 분리해 나와야 한다고 주장했다. 의장을 맡았던 스토트는 정중하지만 강력하게 로이드존스를 비판했다. 잉글랜드에서는 오늘날에도 지난 주 일처럼 생생히 기억되는 이 사건을 시작으로 복음주의는 성공회권과 비성공회권으로 나누어졌고, 양측이 각기 제 길을 감으로써 그 구분은 여러 면에서 여전히 현재 진행형이다. 하지만 스토트는 끝까지 로이드존스와 교제를 이어 갔고 그의 사역을 크게 존경했다.

둘째, 스토트는 성령 세례에 대한 은사주의적 입장을 반대했다. 영국 은사운동의 핵심인물로 부상하는 마이클 하퍼는 처음 새로운 성령체험을 했을 당시 올 소울즈 교회의 부목사로 있었다. 하퍼가 성령세례에 대한 새로운 입장을 주장하고 나선 것도 올 소울즈 교회에 있을 때의 일이었다. 스토트는 성직자 컨퍼런스에서 강연하면서 자신의 입장을 표명했고, 강연 내용은 이후 『성령세례와 충만』으로 출간되었다. 나중에 스토트는 그의 입장을 표현하는 방식을 수정했지만 그 문제에 대한 생각은 바꾸지 않았다. 하지만 은사주의자들의 관심사 중에서 성경적으로 타당하다고 여겨지는 부분은 포용하려고 상당한 노력을 기울였다.

셋째, 스토트는 데이비드 에드워즈와 논쟁하는 자리에서 그리스도를 믿지 않거나 모르고 죽는 사람들의 내세에 관해 어떻게 생각하느냐는 질문을 받았다. 그는 여러 해 동안 견지해 왔던 견해를 간략하게 설명했는데, 그런 사람들은 결국 소멸될 거라는 게 그의 중심 생각이었다. 그의 입장은 역사적 기독교의 정통 입장에서 벗어난 것이었고 본인도 그 사실을 인정했기에, 미국에서는 특히 많은 사람들이 놀라움을 표시했다. 이후 스토트는 자신의 견해에 이런저런 단서를 붙이는 데 집중했다. 처음에는 그 견해가 '잠정적인' 것이라고 밝혔고, 보다 최근에는 그 문제에 대해 '불가지론적' 입장이라고 말했다. 그러나 대부분의 비판자들은 그가 믿는다고 말한 내용에 초점을 맞추었고, 그 진술만 놓고 볼 때 그의 생각은 분명하다.

이런 논란들이 있었지만, 스토트의 명성은 여전하다. 이를 잘 보여 주는 사건이 1983년에 있었다. 캔터베리 대주교가 의회가 보장한 학위수여권을 행사해 스토트에게 옥스퍼드 대학 신학박사학위를 수여한 것이다. 교회 내에서 탁월한 리더십을 발휘한 그의 공로를 인정한 결정이었다. 스토트에게 어울리는 명예였다.

스토트는 다른 사람들이 보지 못하는 것을 보는 비전가였고 목표에 도달하는 법을 알았던 리더였다. 그의 리더십은 언제나 주위 사람들에게는 편안하게 다가가는 인격과 사랑과 지혜 같은 특성으로 나타났다. 그는 균형 잡힌 모습을 늘 귀하게 여겼으며 스스로가 비범하고 보기 드문 균형감각을 보여 주었다. 진리에 사랑이 따라왔고, 생각에 행동이, 복음에 사회적 책임이, 교회에 대한 관심에 세상을 아끼는 마음이, 담대한 믿음에 겸손한 정신이, 참되고 옳은 것에 대한 열정에 절제가, 명확한 사고에 다른 사람들에 대한 배려가 함께했다. 그의 목회 사역은 교회에 주어진 큰 선물이었다. 그를 허락하신 하나님께 감사할 따름이다.

---

*1996년에 쓰인 이 글은 존 스토트와 긴밀하게 동역했던 데이비드 웰즈가 작성한 것이다. 비록 그가 소천하기 전에 쓰인 글이긴 하지만 그의 신앙과 사역의 핵심을 이해하는 데 도움을 준다고 판단해 크리스채너티투데이코리아의 허락을 받아 책에 포함했다.

옮긴이 **양혜원**은 서울대 불문과를 졸업하고 수년간 기독교 서적 전문 번역가로 일했다. 이화여대 대학원에서 여성학 석사를 수료했으며 미국 Claremont Graduate University에서 종교학 석사 및 박사 학위를 받았다. 일본 난잔종교문화연구소에서 객원 연구원으로 연구 활동을 했고 현재 이화여대 연구교수로 있다. 지은 책으로 『유진 피터슨 읽기』(IVP), 『교회 언니, 여성을 말하다』, 『교회 언니의 페미니즘 수업』(이상 비아토르)이 있고, 『페미니즘 시대의 그리스도인』(IVP)과 『사랑하며 춤추라』(신앙과 지성사)를 공저했다. 옮긴 책으로 『현실, 하나님의 세계』를 제1권으로 하는 유진 피터슨의 영성 시리즈, 『동성애에 대한 두 가지 견해』, 『사랑하는 친구에게』, 『눈뜬 자들의 영성』, 『인간의 번영』(이상 IVP), 『물총새에 불이 붙듯』, 『하나님의 진심』(이상 복있는사람) 등이 있다.

나는 왜 그리스도인인가

초판 발행_ 2004년 4월 20일
개정판 발행_ 2020년 2월 25일
개정판 4쇄_ 2025년 1월 15일

지은이_ 존 스토트
옮긴이_ 양혜원
펴낸이_ 정모세

펴낸곳_ 한국기독학생회출판부
등록번호_ 제2001-000198호.(1978.6.1)
주소_ 04031 서울시 마포구 동교로 156-10
대표 전화_ (02)337-2257 팩스_ (02)337-2258
영업 전화_ (02)338-2282 팩스_ 080-915-1515
홈페이지_ http://www.ivp.co.kr 이메일_ ivp@ivp.co.kr
ISBN 978-89-328-1749-1

ⓒ 한국기독학생회출판부 2020

책값은 뒤표지에 있습니다.
무단 전재와 복제를 금합니다.